Mit Goethe durch das Jahr 2023

Goethes letzte Liebe – Ulrike von Levetzow

Herausgegeben und mit einem Essay
von Jochen Klauß

Dudenverlag
Berlin

Umschlagmotive:
Ulrike von Levetzow, Pastell von Franz Scherer, 1821
Johann Wolfgang von Goethe, Gemälde von Joseph Stieler, 1828, München, Neue Pinakothek
Goethe in der römischen Campagna, Gemälde von Johann Heinrich Wilhelm Tischbein, 1786/87

Bibliografische Information der Deutschen Nationalbibliothek:
Die Deutsche Nationalbibliothek verzeichnet diese Publikation in der Deutschen Nationalbibliografie; detaillierte bibliografische Daten sind im Internet über http://dnb.dnb.de abrufbar.

Gestaltung: nxt.digital, Düsseldorf
Satz: typegerecht berlin, Strausberg
Umschlaggestaltung: sauerhöfer design, Neustadt
Umschlagabbildungen: Klassik Stiftung Weimar (Porträts), akg-images (Silhouette)
Druck und Bindung: Heenemann GmbH & Co. KG
Bessemerstraße 83–91, 12103 Berlin

ISBN 978-3-411-16064-8 kartoniert
ISBN 978-3-411-16065-5 Kassette
www.duden.de

PEFC/04-31-1156

PEFC zertifiziert
Dieses Produkt stammt aus nachhaltig bewirtschafteten Wäldern und kontrollierten Quellen.
www.pefc.de

GOETHES LETZTE LIEBE

Wenn ein Ereignis in Goethes Leben als »unerhörte Begebenheit« bezeichnet werden darf, dann gewiss seine folgenreiche Begegnung mit der 17-jährigen Ulrike von Levetzow in den Karls- und Marienbader Sommermonaten der Jahre 1821 bis 1823. In diesen Monaten erlebte der 72-Jährige seine letzte Liebe, der die deutsche Literatur einen ihrer Höhepunkte verdankt: Goethes »Trilogie der Leidenschaft«, erwachsen aus dieser schicksalhaften Begegnung, gehört zu seinen reifsten Altersdichtungen und darüber hinaus zu den schönsten lyrischen Werken der Weltliteratur überhaupt.

Goethe hatte den Großvater von Ulrike, den Freiherrn Friedrich Leberecht von Brösigke, womöglich bereits 1802 in Bad Lauchstädt kennengelernt, wo Goethe in seiner Funktion als Oberdirektor des Weimarer Hoftheaters eine kleine Theaterbühne hatte errichten lassen.

Der Freiherr besaß ein kleines Landgut in Löbnitz bei Leipzig. Seine schöne Tochter Amalie wurde 1803 – damals gerade 15 Jahre alt – mit dem späteren großherzoglichen Hofmarschall Otto von Levetzow in Schwerin vermählt. Bereits ein Jahr darauf, am 4. Februar 1804, kam Ulrike zur Welt und zwei Jahre später die Schwester Amélie. Es war, auch wegen dieser frühen Schwangerschaften, keine glückliche Ehe, und schon bald kam es zur Trennung und Scheidung. 1807 heiratete die nun 19-jährige Amalie erneut, und zwar einen Vetter ihres ersten Gatten: Friedrich von Levetzow. Er fiel später als Offizier in

August von Goethe, aquarellierte Bleistiftzeichnung von Moritz Steinla, 1830

der berühmten Schlacht von Waterloo, in der Napoleon den alliierten Truppen unterlag. Die gemeinsame Tochter Bertha kam bereits 1808 zur Welt.

Nur zwei Jahre später, 1810, traf Goethe die junge Frau, die mit 22 Jahren nun bereits dreifache Mutter war, in Teplitz wieder. Die Jahre waren an-

Ottilie von Goethe, geb. von Pogwisch, Pastell von Louise Caroline Sophie Seidler, um 1845

scheinend nicht spurlos an der kleinen und als besonders reizend beschriebenen Amalie vorübergegangen. »Zusammengegangen« kam sie Friedrich Wilhelm Riemer vor, der Goethe als dessen Adlatus nach Böhmen begleitete.

Friedrich Wilhelm Riemer, Gemälde von Louise Caroline Sophie Seidler, o. J.

Elf Jahre vergingen, ehe Goethe Amalie von Levetzow, inzwischen Witwe geworden, wiedersah. Auch er hatte ereignisreiche Jahre hinter sich, Jahre wichtiger Ereignisse und Jahre seines eigenen Alterns. Seine Frau Christiane war 1816 nach langer und schwerer Krankheit gestorben, sein Sohn August, ein redlicher Beamter, der zeitlebens im mächtigen Schatten des Übervaters stand, hatte im Jahr darauf die exzentrische und verträumte Adlige Ottilie von Pogwisch geheiratet. Die Enkel Walther und Wolfgang wurden 1818 und 1820 geboren; eine neue Familie wuchs unter den Augen des alten Goethe heran.

Persönliche und politische Ereignisse zwischen 1815 und 1821

1814 und 1815 hatte Goethe ein letztes Mal die hessische Heimat besucht und am Rhein und Main neue, beglückende Erfahrungen gesammelt. In der klugen und anziehenden Marianne Jung, bald verheiratete von Willemer, begegnete dem über 60-Jährigen – scheinbar letztmalig – eine Frau, die sein Wesen völlig einnahm und die als »Suleika« in seinem »Westöstlichen Divan« bis heute weiterlebt.

Mit der Schlacht von Waterloo am 18. Juni 1815 fanden die politischen und militärischen Ereignisse der Napoleonischen Ära in Europa ihren endgültigen Abschluss; der Wiener Kongress leitete die Zeit der Metternich'schen Restauration ein. Große Teile Sachsens fielen an Preußen, das Herzogtum Sachsen-Weimar-Eisenach wuchs dagegen und wurde zum Großherzogtum.

Seine Exzellenz, der Wirkliche Geheime Rat von Goethe, wurde am 12. Dezember 1815 zum Staatsminister ernannt und leitete gemeinsam mit seinem Ministerkollegen und Freund Christian Gottlob von Voigt die »Oberaufsicht über die unmittelbaren Anstalten für Wissenschaft und Kunst« im Lande. Bei

Karlsbad, Promenade auf der alten und neuen Wiesengasse, kolorierte Radierung von Johann Carl August Richter, 1820/30

Cotta erschien zwischen 1815 und 1819 eine Gesamtausgabe seiner Werke.

Im Jahr 1817 wurde Goethe in der Folge eines Konflikts mit der von ihm durchaus geschätzten Schauspielerin und Geliebten des Großherzogs Carl August, Caroline Jagemann, geadelte Freifrau von Heygersdorff, von der Theaterleitung entbunden.

Seinen 70. Geburtstag beging Goethe 1819 im Reisewagen zwischen Asch und Carlsbad. Inzwischen war er mit vier hohen Orden europäischer Herrscherhäuser dekoriert: Ritter und Offizier der französischen Ehrenlegion, Träger des österreichisch-kaiserlichen Leopold-Ordens, des russischen Sankt-Annen-Ordens und des sachsen-weimarischen Hausordens der Wachsamkeit bzw. vom Weißen Falken. Ein Leben scheint gelebt, ein Lebenswerk vollbracht. Allein den naturwissenschaftlichen und wenigen poetischen Projekten – etwa der »Faust«-Dichtung – widmete sich Goethe noch. Die Zeit der großen Reisen war vorbei. Nur beim sommerlichen Badeaufenthalt im geliebten Böhmen sah man den berühmten Mann noch außerhalb des jenaischen und weimarischen Arbeits- und Bekanntenkreises.

Begegnungen mit Ulrike 1821 und 1822

Auch im Jahr 1821 hielt sich Goethe in Böhmen auf. Ende Juli fuhr er zum ersten Mal in den erst 1818 gegründeten Kurort Marienbad und nahm dort Quartier im noch nicht ganz fertiggestellten Palais des Grafen von Klebelsberg, das Freiherr von Brösigke verwaltete. Ein umfangreicher Bericht an Großherzog Carl August in Weimar lockte auch diesen zwei Jahre

Ulrike von Levetzow, Pastell von Franz Scherer, 1821

Das Brösigke'sche Haus in Marienbad, kolorierte Lithografie, um 1830

Marienbad, kolorierte Radierung von V. Mohrstadt (?), 1830/40

später in das gastliche Ambiente. Goethe selbst fühlte sich in Marienbad 1821 ausgesprochen wohl und behaglich, trotz zeitweilig schlechten Wetters. Von lockeren Gesprächen ist die Rede, er tanzte auf Bällen, wirkte frei und gelöst.

Die 17-jährige Ulrike von Levetzow kam zur gleichen Zeit aus ihrem Straßburger Internat in das Haus ihres Großvaters. Goethe erwähnte brieflich die »artige Ulrike«, die seinem Auge und Sinn sofort aufgefallen zu sein scheint. Der elsässisch gefärbte Akzent des Mädchens – erinnerte er den 72-Jährigen vielleicht an längst vergangene Sesenheimer Tage, an die bezaubernde Jugendliebe zu Friederike Brion? Wir wissen es nicht, wohl aber, dass er von dem stillen Mädchen »mit einigem Bedauern« schied. Ein Funke schien gelegt, der bis zum Folgejahr weiter glomm.

Am 19. Juni 1822 traf Goethe erneut in Marienbad ein. Auch die Familie von Levetzow – diesmal die Mutter und alle drei Töchter – war anwesend. Der Kontakt wurde enger, freundschaftlicher, intensiver. Selbst ein Polizei- und Spitzelbericht an den österreichischen Minister, Graf von Kolowrat in Wien, hielt es für bedeutsam, zu erwähnen, dass des sachsen-weimarischen Ministers Goethe Interessen nicht allein auf das Mineralisieren, sondern auch auf das häufige Zusammensein mit dem ältesten Fräulein von Levetzow gerichtet wären, die dem alten Herrn mit Gesang und Scherz seine Stunden verkürze.

Wieder war Goethe glücklich; aus dem Funken der Zuneigung Goethes zu Ulrike war ein glimmendes Feuer entstanden. Einen Tag nach seinem

Ulrike von Levetzow (rechts stehend) mit Mutter (Mitte), Stiefschwester Bertha (links) und Schwester Amalie (rechts sitzend), Holzstich (1893?) nach einem anonymen Gemälde, 1822

73. Geburtstag kehrte Goethe zurück nach Weimar. Im Januar 1823 antwortete er auf einen Brief von Ulrike, »seiner treuen schönen Tochter«. Die sehnsüchtige Hoffnung auf ein sommerliches Wiedersehen in Marienbad klingt zwischen den Zeilen deutlich an.

Im Februar und März 1823 trat jedoch ein dramatisches Ereignis ein, das für den weiteren Fortgang der Romanze von entscheidender Bedeutung war: Goethe erkrankte lebensgefährlich an einer Herzbeutelentzündung. Nur allmählich besserte sich sein Zustand; Freunde und Ärzte rieten dem Rekonvaleszenten, die heilsame böhmische Kur zu nutzen, die ihm auch in der Vergangenheit immer geholfen hatte.

Liebesbrand in Marienbad 1823

Am 26. Juni 1823 reiste Goethe von Weimar ab, am 2. Juli traf er in Marienbad ein und wohnte in der »Goldenen Traube« gegenüber dem Palais Brösigkes. Neun Tage später traf dort die Familie von Levetzow ein. Die psychische Verfassung des neu zum Leben Erwachten, der noch Monate zuvor todkrank darniedergelegen hatte, die lieb gewordene Umgebung, die anregende, mondäne Gesellschaft und das herrliche Sommerwetter bildeten die helle Folie, das sympathische Umfeld, vor dem allein erklärbar wird, was in den folgenden Tagen und Wochen begann, besser: fortgesetzt wurde und sich zu ungeahnten Höhen und Tiefen hinauf- und hinabarbeitete: ein gewiss für alle unmittelbar Beteiligten unerwartetes, ungeahntes, allumfassendes Liebesgefühl des 74-Jährigen gegenüber der 19-Jährigen.

Johann Wolfgang von Goethe, Zeichnung von Julius Ludwig Sebbers, 1826

Im innigen, freundschaftlich-vertrauten Verkehr mit der Familie Levetzow vergingen Goethes Tage wie im Fluge mit gemeinsamem Frühstückstisch, Spaziergängen mit Mittagstafel, abendlichem Souper bei Musik, Tanz und Ball. Ein Hochgefühl ohnegleichen ergriff den gerade genesenen Greis, eine Stimmung, die zu beängstigender Euphorie anwuchs und um den Mann fürchten ließ. Ulrike war in das Zentrum seines Seins getreten, das lange schon glimmende Feuer hatte sich zu einem lodernden Brand entwickelt und eine heftige Erschütterung seiner Gefühlswelt verursacht.

Nur mühsam hält das sachliche Tagebuch die vibrierenden Emotionen zurück. Knappe Eintragungen über die Familie, Kinder, Töchter und Schwestern meinen doch immer nur eines: Ulrike, Ulrike, Ulrike. Die Heftigkeit der Gefühle konnte für den noch nicht standfesten Patienten nicht ohne Folgen bleiben, zumal das alles beherrschende Gefühl für das junge Mädchen von langsam aufziehenden, dunkeldrohenden Wolken wegen der Gerüchte in Weimar überschattet wurde; das Tagebuch enthält entsprechende Passagen.

Den Bekannten und Freunden in Marienbad – tagtäglich Zeugen des außergewöhnlichen Geschehens – blieb nichts verborgen. Großherzog Carl August, in Liebessachen noch hellhöriger als sonst, führte bereits am 7. August ein Gespräch mit seinem alten Freund – auf wessen Veranlassung hin, bleibt unklar –, bei dem eine »Verlobung aus dem Stegreife besprochen« wurde. Als der gleichfalls anwesende Weimarer Arzt Rehbein, seinerseits bereits

»Karl August bei Goethe«, Stahlstich nach einer Zeichnung von Carl August Schwerdgeburth, 1820

zweimal verheiratet, in gelöster abendlicher Gesellschaft völlig überraschend seine dritte Braut vorstellte, war Goethe psychisch überfordert und fürs Erste am Ende. Die Erwähnung einer »schlimmen Nacht« kündet von der dramatischen Gefühlslage des Verliebten. In den nächsten Tagen musste Goethe wiederholt den Badearzt Dr. Heidler aufsuchen;

Caroline von Humboldt, Lithografie von Wilhelm Wach, um 1825

Goethes Zustand wirkte hochgradig erregt. Alle merkten etwas, erinnerte sich viele Jahre später eine Marienbader Augenzeugin, »aber Ulrike merkte gar nichts«.

Überhaupt ist in den damaligen Quellen viel von Goethes Zustand zu lesen, von Ulrikes Befindlichkeit aber so gut wie nichts. Die Kunde vom »unerhörten Ereignis« – schließlich ging es um Goethe! – verbreitete sich wie ein Lauffeuer. Schon am 12. August vermeldete Caroline von Humboldt aus dem benachbarten Karlsbad, es gehe seit einer Woche (!) die Mär um, Goethe habe die älteste Levetzow geheiratet. Der wiederum trug selbst dazu bei, dass dunkle Gerüchte in Weimar kursierten. Seine Briefe an die Schwiegertochter Ottilie und deren Schwester Ulrike von Pogwisch enthielten mehrfach orakelhafte Andeutungen und namensbezogene (Ulrike!) Wortspiele, die beide Frauen schnell hellhörig werden ließen.

Unterdessen ging das äußerlich lustige und unbeschwerte Marienbader Leben weiter: »Es wurde gehupft und gallopiert wie immer«, steht im Tagebuch, und die musikalischen Genüsse, welche die mittlerweile angereiste polnische Pianistin Marie Szymanowska – selbst eine bezaubernde Frau – Goethe zuteilwerden ließ, trugen weiter zu seiner hoch gespannten Stimmung bei.

Am 17. August reisten die Levetzows nach Karlsbad; der Abschied fiel leicht, denn gemeinsame weitere »Plane« waren längst besprochen, nach denen Goethe wenige Tage später folgen wollte. Am 19. August war jedoch zunächst wieder eine »Konsultation

Karlsbad, Blick über die Brücke auf die Kolonnaden am linken Ufer der Tepla, Stahlstich, unbezeichnet, um 1840. (Der Stich ist fälschlicherweise betitelt mit »Marienbad«.)

mit Dr. Heidler« notwendig, der seinen Patienten sogar zur Adler lassen musste.

Der »Tag des öffentlichen Geheimnisses«

Am 20. August reiste auch Goethe von Marienbad ab. Über Eger, von wo aus am Folgetag bereits ein »ungeduldiger« Brief an Ulrike vorausgeschickt wurde, fuhr er gleichfalls nach Karlsbad, das er am 25. August erreichte. Nicht im traditionellen Quartier, den »Drei Mohren«, sondern im »Goldenen Strauß«, eine Etage über den Levetzows, war diesmal Goethes Domizil. »Schönes Quartier, schöne Aussicht«, heißt es vieldeutig im Tagebuch. Der letzte Teil des dramatischen Geschehens konnte nun seinen Lauf nehmen. Noch einmal waren die Tage angefüllt vom glücklichen Beisammensein mit der Familie, mit der Geliebten. Den Höhepunkt bildete der 28. August, Goethes Geburtstag. Eine gemeinsame Kutschfahrt nach Elbogen – in höchster Harmonie mit den Levetzows verbracht – würde in der Erinnerung aller Beteiligten fortleben. Es herrschte scherzhaftes Stillschweigen unter den Frauen zu Goethes Ehrentag, obwohl natürlich alle Bescheid wussten.

Ulrike beschrieb später die allerliebste Szene, die sich in Elbogen abspielte: Während des Mittagessens im Schwarzenberg-Lusthaus überreichte ihre Mutter Goethe ein schönes Kristallglas mit den eingeschliffenen Namen und dem Datum »des heutigen schönen Beisammenseins«. Erst beim abendlichen Eintreffen in Karlsbad, wo der Jubilar von zahlreichen Gratulanten erwartet wurde, durfte der Geburtstag offiziell zur Kenntnis genommen werden. Fortan galt

»Das holde Glas«, Kristallglas von Andreas Vincenz Peter Mattoni, 1823

Schloss Elbogen bei Karlsbad, kolorierte Aquatintaradierung, o.J.

dieser 28. August 1823 zwischen ihnen als »Tag des öffentlichen Geheimnisses«.

Im Umfeld dieses wichtigen Tages – wann genau, ist nicht exakt feststellbar – kam es auch zu einem ominösen Vorstoß des anwesenden Großherzogs Carl August. Als »Freiwerber« für Goethe –so erinnerte sich Ulrike – sei er bei ihrer Mutter erschienen und habe das Angebot einer Heirat unterbreitet, verbunden mit den verlockendsten Konditionen: die Einrichtung eines eigenen Hauses in Weimar für die Familie, eine ehrenvolle Hofdamenstelle und eine jährliche Pension für Ulrike nach Goethes Ableben. Ulrike selbst habe, nach ernstem Gespräch mit der Mutter, aus Rücksicht auf die Familie des Bewerbers abgelehnt; auch liebe sie Goethe nur »wie einen Vater«. »Goethe selbst sprach nie darüber, weder mit meiner Mutter noch mit mir«, stellte sie später fest. So war diese heikle Frage zwischen den Hauptakteuren endgültig geklärt worden, und die Gewissheit darüber dürfte Goethe schwer mitgenommen haben. Allerdings bleibt bis heute zu rätseln, ob der 74-Jährige, wenn eine positive Antwort der Familie Levetzow erfolgt wäre, tatsächlich einen solch weitreichenden Schritt getan hätte. Allein schon die Wirkung des Gerüchts zeigte deutlich, welcher Wirbel dadurch ausgelöst worden wäre.

Rückkehr nach Weimar

Das äußere Geschehen in Karlsbad wurde durch keinen Missklang gestört. Bis zum Abschied am 5. September herrschte tiefe Harmonie. Die Trennung erfolgte dann schnell und etwas »tumultuarisch«. Goethe war sich zweifellos bewusst, dass an diesem Tage etwas Endgültiges geschehen war. Was den Menschen, den Mann Goethe nur mühsam seine Fassung wahren ließ, hatte längst den zwanghaft produktiven Dichter in ihm geweckt:

> »Und wenn der Mensch in seiner Qual
> verstummt,
> Gab mir ein Gott zu sagen, was ich leide.«

Auch Goethe reiste am 5. September ab. In den folgenden Tagen, unterwegs in der Reisekutsche, wurde jene Dichtung ausgearbeitet und abends, in den Poststationen und Gasthäusern zwischen Karlsbad und Jena, aufgeschrieben, die als »Marienbader Elegie« bekannt werden sollte. Tägliche Tagebucheintragungen zum »Gedicht«, wie Goethe es selbst nannte, belegen, wie sorgfältig der Dichter arbeitete, wie er immer wieder das Notierte durchging, »mundierte«, Bemerkungen einfügte, strich, ergänzte, feilte und verbesserte. Am 19. September 1823, längst zu Hause in Weimar, wurde die sorgfältige »Abschrift des Gedichts vollendet«. Wie sorgsam und liebevoll er diese einzige Abschrift auch im Formalen behandelte, damit das Außergewöhnliche dieses Textes betonend, wird noch zur Sprache kommen.

Am 13. September traf der Reisende in Jena ein. Der unerfreuliche Epilog des Dramas begann; die goethesche Familie bildete die Szene. Die Briefe des Sohnes August an seine Frau Ottilie lassen ahnen, in welch heller Aufregung sich mittlerweile die Daheimgebliebenen in Weimar befanden. Auch im Bekannten- und Freundeskreis der Residenzstadt brummte und summte es ob der Marienbader und Karlsbader Nachrichten. Es ist charakteristisch für das kleine Provinz- und Klatschnest Weimar, dass die weiteren Ereignisse im Haus am Frauenplan indiskret und geschwätzig, mit Häme oder auch ehrlich Anteil nehmend, weitergegeben wurden. Natürlich ist der eloquente Kanzler von Müller unter dieser bunten Beiträgerschaft zu finden, aber auch Jenenser vom anderen Ende der »Doppelstadt« waren dabei.

Im goetheschen Haus dürften sich unerfreuliche Szenen abgespielt haben. Vor allem Sohn August, aber auch die Schwiegertochter Ottilie, die sich anfangs gar nicht sehen ließ, sowie deren Schwester Ulrike von Pogwisch müssen dem alten Herrn wegen dessen Marienbader »Romanze« schwer zugesetzt haben. Besonders August, der seine und seiner Frau Stellung im Haus angegriffen oder zumindest gefährdet sah, wird den Vater bedrängt haben. Die etwa von Kanzler von Müller notierte »rohe und lieblose Sinnesweise« Augusts ist jedoch zumindest vorsichtig zu interpretieren: Die alte neidvoll-boshafte Ablehnung, die seine Mutter Christiane dereinst erfahren hatte, war von der besseren Weimarer Gesellschaft immer gern und schnell auf ihn übertragen worden, wenn es darum ging, dadurch das Bild des Vaters aufzuhellen. Das war auch 1823 so. Im Großen und Ganzen freilich dürften Meinungen wie die der Witwe Schillers zutreffen, die von einer »egoistischen

Friedrich von Müller, Staatskanzler des Großherzogtums Sachsen-Weimar-Eisenach, Radierung von Christian Schuchardt, o.J.

Charlotte von Schiller, geb. von Lengefeld, Gemälde von Ludovika Simanowitz, 1794

Familie« sprach, welche sich »sehr unfein« benahm und nicht vor »kleinlichen Gemeinheiten« gegenüber Goethe zurückschreckte.

In seiner eigenen Familie fand Goethe also kaum Verständnis für seine Gefühle, sein Empfinden und seine Empfindsamkeit. Das war am ehesten noch von Freunden, von mitfühlenden Bekannten zu erwarten. Die menschlich wärmsten und gewiss auch klügsten Worte dazu sind von Wilhelm von Humboldt überliefert, der Goethe Mitte November 1823 in Weimar besuchte und bei dieser Gelegenheit die »Elegie« zu lesen bekam. Nicht nur die Stimmung des Gedichts wusste Humboldt trefflich zu charakterisieren, auch Goethes Verhältnis zu Ulrike von Levetzow erfasste er wohl am besten: Dieser sei noch sehr »mit den Marienbader Bildern beschäftigt ..., allein mehr, wie ich ihn kenne, mit der Stimmung, die dadurch in ihm aufgegangen ist, und mit der Poesie, mit der er sie umsponnen hat, als mit dem Gegenstand selbst«.

Auch vermerkte er den schmerzhaften Gegensatz, den Goethe – noch voller glücklicher böhmischer Eindrücke – in seinem eigenen häuslichen Umkreis verarbeiten musste. Damit rührte Humboldt leise an Goethes Vereinsamung in Weimar, die überhaupt ein kardinales Problem darstellte. Der Besuch von Marie Szymanowska und ihrer Schwester vom 24. Oktober bis zum 5. November in Weimar ließ das Glück der Marienbader und Karlsbader Wochen für Goethe noch einmal in aller Frische und Lebendigkeit aufleben. Der Umgang mit den beiden liebenswerten Polinnen, der Rausch der musikalischen Genüsse, der gesellschaftliche Glanz dieses Besuchs

Wilhelm von Humboldt, Lithografie von Friedrich Oldermann nach Franz Krüger, 1810

versetzten Goethe noch einmal in eine Hochstimmung; »heiter und galant« sei er während dieser Zeit gewesen. Der Schmerz beim Abschied von Marie Szymanowska wiederholte und steigerte hingegen den Schmerz nach der Trennung von Ulrike.

Die häuslichen Spannungen, seit Wochen ausgehalten und verdrängt, forderten nun ihren Tribut von dem an sich schon sensiblen und hypochondrischen Goethe. Mit dem 6. November 1823 setzte ein quälender Krampfhusten ein, der es ihm unmöglich machte, sich ins Bett zu legen. Zwei schwere Wochen, ängstlich ausgestanden und besorgt verfolgt von Freunden und Verehrern, verbrachte er sitzend im Sessel. In diese Krankheitszeit fiel der Besuch Humboldts, des verständnisvollen Freundes. Und auch der vertraute Zelter besuchte ihn in jenen Tagen. Er musste ihm die »Poesie« mehrfach vorlesen, was sichtlich Trost spendete.

Nachklänge

Das »Gedicht«, wie Goethe seine »Marienbader Elegie« zunächst immer nannte, war sorgsam abgeschrieben und in eine besonders weihevolle Form gebracht worden. Eckermann berichtet von starkem Velinpapier, der eigenhändigen lateinischen Schrift, von rotem Maroquin als Umschlag und einer Seidenschnur drumherum. Dieses Manuskript zum Lesen zu bekommen, seiner wert zu sein, bedeutete zweifellos eine außergewöhnliche Auszeichnung.

Zur »Marienbader Elegie« traten noch zwei weitere poetische Texte hinzu: Betrachtet man die Entstehungsgeschichte dieser »Trilogie der Leiden-

Karl Friedrich Zelter, Gemälde von Karl Begas, 1827

Johann Peter Eckermann, Kreidezeichnung von Johann Joseph Schmeller, um 1825

schaft«, so wird deutlich, mit welch außergewöhnlicher Stimmungslage ihres Schöpfers sie verbunden war. Das Gedicht »Aussöhnung«, das Hohelied auf die harmonisierende Macht der Musik, entstand in Marienbad zwischen dem 16. und 18. August 1823, auf dem Höhepunkt der hoffenden Liebe zu Ulrike. Es war Maria Szymanowska gewidmet; der Dichter schrieb es in ihr Album. Die »Marienbader Elegie« selbst entstand nach der Trennung von Ulrike; der Schmerz des verlorenen Glücks verband sich mit dem letztlich tröstenden Gefühl des Einsseins von Mensch und Natur. »An Werther« beendete Goethe im März 1824; das Gedicht sollte einer neuen Ausgabe seines Romans vorangestellt werden. Zu dieser Zeit begann das unmittelbare Empfinden für Ulrike einer milderen, beglückenden Erinnerung in Goethes Brust zu weichen. Die Reihenfolge der Gedichte ergab sich damit wie von selbst.

Fortsetzung auf S. 58

GOETHE ÜBER DIE »TRILOGIE DER LEIDENSCHAFT«

Meine sogenannte »Trilogie der Leidenschaft« dagegen ist ursprünglich nicht als Trilogie konzipiert, vielmehr erst nach und nach und gewissermaßen zufällig zur Trilogie geworden. Zuerst hatte ich, wie Sie wissen, bloß die »Elegie« als selbstständiges Gedicht für sich. Dann besuchte mich die Szymanowska, die denselbigen Sommer mit mir in Marienbad gewesen war und durch ihre reizenden Melodien einen Nachklang jener jugendlich-seligen Tage in mir erweckte. Die Strophen, die ich dieser Freundin widmete, sind daher auch ganz im Versmaß und Ton jener »Elegie« gedichtet und fügen sich dieser wie von selbst als versöhnender Ausgang. Dann wollte Weygand eine neue Ausgabe meines »Werther« veranstalten und bat mich um eine Vorrede, welches mir denn ein höchst willkommener Anlass war, mein Gedicht »An Werther« zu schreiben. Da ich aber immer noch einen Rest jener Leidenschaft im Herzen hatte, so gestaltete sich das Gedicht wie von selbst als Introduktion zu jener »Elegie«. So kam es denn, dass alle drei jetzt beisammenstehenden Gedichte von demselbigen liebesschmerzlichen Gefühle durchdrungen worden und jene »Trilogie der Leidenschaft« sich bildete, ich wusste nicht, wie.

(Goethe an Eckermann, 1. Dezember 1831)

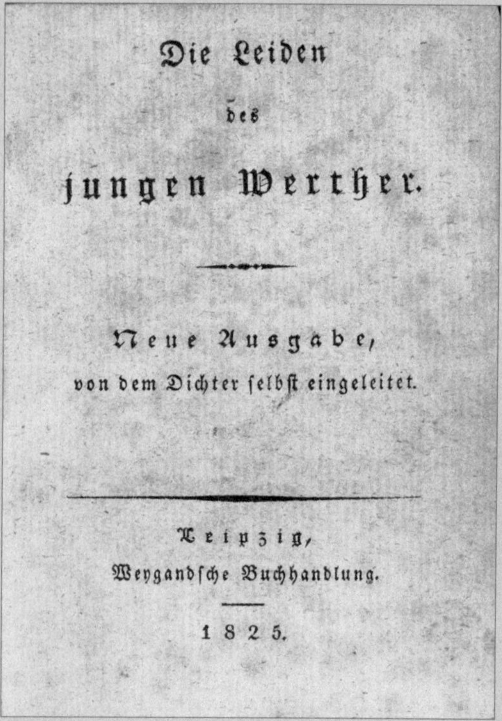
Die Leiden
des
jungen Werther.

Neue Ausgabe,
von dem Dichter selbst eingeleitet.

Leipzig,
Weygandsche Buchhandlung.

1825.

Titelblatt von »Die Leiden des jungen Werther«, Ausgabe von 1825

TRILOGIE DER LEIDENSCHAFT

AN WERTHER

Noch einmal wagst du, viel beweinter
Schatten,
Hervor dich an das Tageslicht.
Begegnest mir auf neu beblümten Matten
Und meinen Anblick scheust du nicht.
Es ist, als ob du lebtest in der Frühe.
Wo uns der Tau auf einem Feld erquickt,
Und nach des Tages unwillkommner
Mühe
Der Scheidesonne letzter Strahl entzückt;
Zum Bleiben ich, zum Scheiden du, erkoren,
Gingst du voran – und hast nicht viel
verloren.

Des Menschen Leben scheint ein herrlich
Los:
Der Tag, wie lieblich, so die Nacht, wie
groß!
Und wir gepflanzt in Paradieses Wonne.
Genießen kaum der hocherlauchten Sonne,
Da kämpft sogleich verworrene Bestrebung
Bald mit uns selbst und bald mit der
Umgebung:
Keins wird vom andern wünschenswert
ergänzt,
Von außen düstert's, wenn es innen glänzt,
Ein glänzend Äußres deckt mein trüber Blick,
Da steht es nah – und man verkennt das
Glück.

Nun glauben wir's zu kennen! Mit Gewalt
Ergreift uns Liebreiz weiblicher Gestalt:
Der Jüngling, froh wie in der Kindheit Flor
Im Frühling tritt als Frühling selbst hervor,
Entzückt, erstaunt, wer dies ihm angetan?
Er schaut umher, die Welt gehört ihm an.
Ins Weite zieht ihn unbefangne Hast.
Nichts engt ihn ein, nicht Mauer, nicht Palast;
Wie Vögelschar an Wäldergipfeln streift.
So schwebt auch er, der um die Liebste schweift.
Er sucht vom Äther, den er gern verlässt,
Den treuen Blick, und dieser hält ihn fest.

Doch erst zu früh und dann zu spät gewarnt,
Fühlt er den Flug gehemmt, fühlt sich umgarnt,
Das Wiedersehn ist froh, das Scheiden schwer,
Das Wieder-Wiedersehn beglückt noch mehr
Und Jahre sind im Augenblick ersetzt;
Doch tückisch harrt das Lebewohl zuletzt.

Du lächelst, Freund, gefühlvoll, wie sich ziemt:
Ein grässlich Scheiden machte dich berühmt;
Wir feierten dein kläglich Missgeschick,
Du ließest uns zu Wohl und Weh zurück;

Dann zog uns wieder ungewisse Bahn
Der Leidenschaften labyrinthisch an;
Und wir, verschlungen wiederholter Not.
Dem Scheiden endlich – Scheiden ist der
Tod!
Wie klingt es rührend, wenn der Dichter
singt,
Den Tod zu meiden, den das Scheiden
bringt!
Verstrickt in solche Qualen, halbverschuldet,
Geb ihm ein Gott zu sagen, was er duldet.

ELEGIE

Und wenn der Mensch in seiner Qual
verstummt,
Gab mir ein Gott zu sagen, was ich leide.

Was soll ich nun vom Wiedersehen hoffen,
Von dieses Tages noch geschlossner Blüte?
Das Paradies, die Hölle steht dir offen;
Wie wankelsinnig regt sich's im Gemüte! –
Kein Zweifeln mehr! Sie tritt ans
Himmelstor,
Zu ihren Armen hebt sie dich empor.

So warst du denn im Paradies empfangen
Als wärst du wert des ewig schönen Lebens;
Dir blieb kein Wunsch, kein Hoffen, kein
Verlangen,
Hier war das Ziel des innigsten Bestrebens,

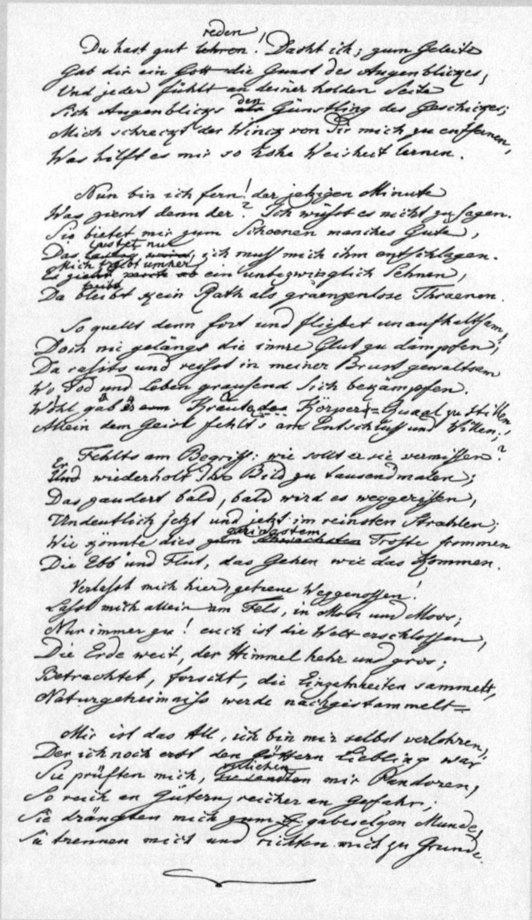
Du hast gut reden! Dacht ich; zum Geleite
Gab dir ein Gott die Gunst des Augenblickes,
Und jeder fühlt an deiner holden Seite
Sich Augenblicks den Günstling des Geschickes;
Mich schreckt der Winck von Dir mich zu entfernen,
Was hilft es mir so hohe Weisheit lernen.

Nun bin ich fern! der jetzigen Minute
Was ziemt denn der? Ich wüßt es nicht zu sagen.
Sie bietet mir zum Schoenen manches Gute,
Das lastet nur, ich muß mich ihm entschlagen.
Mich treibt umher ein unbezwinglich Sehnen,
Da bleibt kein Rath als graenzenlose Thraenen.

So quellt denn fort und fließet unaufhaltsam,
Doch nie gelängs die innre Glut zu dämpfen;
Da rasts und reißt in meiner Brust gewaltsam
Wo Tod und Leben grausend sich bekämpfen.
Wohl gäbs am Kräute des Körpers-Quaal zu stillen
Allein dem Geist fehlt's am Entschluß und Willen;

Fehlts am Begriff: wie sollt er sie vermissen?
Er wiederholt Ihr Bild zu tausendmalen;
Das zaudert bald, bald wird es weggerissen,
Undeutlich jetzt und jetzt im reinsten Strahlen;
Wie könnte dies geringstem Troste frommen
Die Ebb und Flut, das Gehen wie das Kommen.

Verlaßt mich hier, getreue Weggenossen!
Laßt mich allein am Fels, in Moor und Moos;
Nur immer zu! euch ist die Welt erschlossen,
Die Erde weit, der Himmel hehr und groß;
Betrachtet, forscht, die Einzelheiten sammelt,
Naturgeheimniß werde nachgestammelt.

Mir ist das All, ich bin mir selbst verlohren,
Der ich noch erst den Göttern Liebling war;
Sie prüften mich, verliehen mir Pandoren,
So reich an Gütern, reicher an Gefahr;
Sie drängten mich zum gabeseligen Munde,
Sie trennen mich und richten mich zu Grunde.

Die »Marienbader Elegie«, letzte Seite der eigenhändigen Reinschrift

Und in dem Anschaun dieses einzig
Schönen
Versiegte gleich der Quell sehnsüchtiger
Tränen.

Wie regte nicht der Tag die raschen Flügel,
Schien die Minuten vor sich her zu treiben!
Der Abendkuss, ein treu verbindlich Siegel:
So wird es auch der nächsten Sonne
bleiben.
Die Stunden glichen sich in zartem
Wandern
Wie Schwestern zwar, doch keine ganz den
andern.

Der Kuss der letzte, grausam süß,
zerschneidend
Ein herrliches Geflecht verschlungner
Minnen.
Nun eilt, nun stockt der Fuß die Schwelle
meidend,
Als trieb ein Cherub flammend ihn von
hinnen;
Das Auge starrt auf düstrem Pfad
verdrossen,
Es blickt zurück, die Pforte steht
verschlossen.

Und nun verschlossen in sich selbst, als
hätte
Dies Herz sich nie geöffnet, selige Stunden
Mit jedem Stern des Himmels um die Wette

An ihrer Seite leuchtend nicht empfunden;
Und Missmut, Reue, Vorwurf, Sorgenschwere
Belasten's nun in in schwüler Atmosphäre.

Ist denn die Welt nicht übrig? Felsenwände
Sind sie nicht mehr gekrönt von heiligen Schatten?
Die Ernte, reift sie nicht? Ein grün Gelände
Zieht sich's nicht hin am Fluss durch Busch und Matten?
Und wölbt sich nicht das überweltlich Große
Gestaltenreiche, bald Gestaltenlose?

Wie leicht und zierlich, klar und zart gewoben,
Schwebt, Seraph gleich, aus ernster Wolken Chor,
Als glich es ihr, am blauen Äther droben,
Ein schlank Gebild aus lichtem Duft empor:
So sahst du sie in frohem Tanze walten
Die Lieblichste der lieblichsten Gestalten.

Doch nur Momente darfst dich unterwinden,
Ein Luftgebild statt ihrer festzuhalten;
Ins Herz zurück, dort wirst du's besser finden,
Dort regt sie sich in wechselnden Gestalten:
Zu vielen bildet eine sich hinüber,
So tausendfach, und immer immer lieber.

Wie zum Empfang sie an den Pforten weilte
Und mich von dann auf stufenweis
beglückte;
Selbst nach dem letzten Kuss mich noch
ereilte;
Den letztesten mir auf die Lippen drückte:
So klar beweglich bleibt das Bild der Lieben,
Mit Flammenschrift, ins treue Herz
geschrieben.

Ins Herz, das fest wie zinnenhohe Mauer
Sich ihr bewahrt und sie in sich bewahret,
Für sie sich freut an seiner eignen Dauer,
Nur weiß von sich, wenn sie sich
offenbaret,
Sich freier fühlt in so geliebten Schranken
Und nur noch schlägt, für alles ihr zu
danken.

War Fähigkeit zu lieben, war Bedürfen
Von Gegenliebe weggelöscht,
verschwunden;
Ist Hoffnungslust zu freudigen Entwürfen,
Entschlüssen, rascher Tat sogleich
gefunden!
Wenn Liebe je den Liebenden begeistert,
Ward es an mir aufs Lieblichste geleistet;

Und zwar durch sie! – Wie lag ein innres
Bangen
Auf Geist und Körper, unwillkommner
Schwere:

Von Schauerbildern rings der Blick
umfangen
Im wüsten Raum beklommner
Herzensleere;
Nun dämmert Hoffnung von bekannter
Schwelle,
Sie selbst erscheint in milder Sonnenhelle.

Dem Frieden Gottes, welcher euch
hienieden
Mehr als Vernunft beseliget – wir lesen's –
Vergleich ich wohl der Liebe heitern Frieden
In Gegenwart des allgeliebten Wesens;
Da ruht das Herz und nichts vermag zu
stören
Den tiefsten Sinn, den Sinn, ihr zu
gehören.

In unsers Busens Reine wogt ein Streben,
Sich einem höhern, reinern, unbekannten,
Aus Dankbarkeit freiwillig hinzugeben,
Enträtselnd sich dem ewig Ungenannten;
Wir heißen's: fromm sein! – Solcher seligen
Höhe
Fühl ich mich teilhaft, wenn ich vor ihr
stehe.

Vor ihrem Blick, wie von der Sonne Walten,
Vor ihrem Atem, wie vor Frühlingslüften,
Zerschmilzt, so längst sich eisig starr
gehalten;
Der Selbstsinn tief in winterlichen Grüften;

Kein Eigennutz, kein Eigenwille dauert,
Vor ihrem Kommen sind sie weggeschauert.

Es ist, als wenn sie sagte: »Stund um Stunde
Wird uns das Leben freundlich dargeboten,
Das Gestrige ließ uns geringe Kunde,
Das Morgende, zu wissen ist's verboten:
Und wenn ich je mich vor dem Abend
scheute,
Die Sonne sank und sah noch, was mich
freute.

Drum tu wie ich und schaue, froh
verständig,
Dem Augenblick ins Auge! Kein
Verschieben!
Begegn' ihm schnell, wohlwollend wie
lebendig.
Im Handeln sei's, zur Freude, sei's dem
Lieben;
Nur wo du bist, sei alles, immer kindlich,
So bist du alles, bist unüberwindlich.«

Du hast gut reden, dacht ich, zum Geleite
Gab dir ein Gott die Gunst des
Augenblickes.
Und jeder fühlt an deiner holden Seite
Sich augenblicks den Günstling des
Geschickes:
Mich schreckt der Wink, von dir mich zu
entfernen.
Was hilft es mir, so hohe Weisheit lernen!

Nun bin ich fern! Der jetzigen Minute,
Was ziemt denn der? Ich wüsst es nicht zu
sagen;
Sie bietet mir zum Schönen manches Gute:
Das lastet nur, ich muss mich ihm
entschlagen;
Mich treibt umher ein unbezwinglich
Sehnen,
Da bleibt kein Rat als grenzenlose Tränen.

So quellt denn fort! Und fließet
unaufhaltsam!
Doch nie geläng's, die innre Glut zu
dämpfen!
Schon rast's und reißt in meiner Brust
gewaltsam,
Wo Tod und Leben grausend sich
bekämpfen.
Wohl Kräuter gäb's, des Körpers Qual zu
stillen;
Allein dem Geist fehlt's am Entschluss und
Willen.

Fehlt's am Begriff: Wie sollt er sie vermissen?
Er wiederholt ihr Bild zu tausend Malen.
Das zaudert bald, bald wird es weggerissen.
Undeutlich jetzt und jetzt im reinsten
Strahlen;
Wie könnte dies geringstem Troste
frommen,
Die Ebb und Flut, das Gehen wie das
Kommen?

Verlasst mich hier, getreue Weggenossen!
Lasst mich allein am Fels, in Moor und
Moos;
Nur immer zu! Euch ist die Welt erschlossen,
Die Erde weit, der Himmel hehr und groß;
Betrachtet, forscht, die Einzelheiten
sammelt,
Naturgeheimnis werde nachgestammelt.

Mir ist das All, ich bin mir selbst verloren,
Der ich noch erst den Göttern Liebling war;
Sie prüften mich, verliehen mir Pandoren,
So reich an Gütern, reicher an Gefahr;
Sie drängten mich zum gabeselgen Munde,
Sie trennten mich, und richten mich
zugrunde.

AUSSÖHNUNG

Die Leidenschaft bringt Leiden! – Wer
beschwichtigt
Beklommnes Herz, das allzu viel verloren?
Wo sind die Stunden, überschnell
verflüchtigt?
Vergebens war das Schönste dir erkoren!
Trüb ist der Geist, verworren das Beginnen:
Die hehre Welt, wie schwindet sie den
Sinnen!

Da schwebt hervor Musik mit
Engelsschwingen,
Verflicht zu Millionen Tön um Töne,

Maria Szymanowska, Lithografie von Paul Borel nach einem Gemälde von Jósef Oleszkiewicz, 1827

Des Menschen Wesen durch und durch zu
 dringen,
Zu überfüllen ihn mit ewger Schöne:
Das Auge netzt sich, fühlt im höhern
 Sehnen
Den Götterwert der Töne wie der Tränen.

Und so das Herz erleichtert merkt behende
Dass es noch lebt und schlägt und
 möchte schlagen,
Zum reinsten Dank der überreichen Spende
Sich selbst erwidernd willig darzutragen.
Da fühlte sich – o dass es ewig bliebe! –
Das Doppelglück der Töne wie der Liebe.

So schließt sich mit der Trilogie ein bemerkenswerter, lebensumfassender Kreis: von einem der ersten großen Liebesgefühle, jenem für Charlotte Buff, das seinen literarischen Niederschlag im Werther-Roman fand, bis hin zum Marienbader Glückserlebnis mit Ulrike von Levetzow und dem fast tödlichen Trennungsschmerz. 50 Jahre eines konfliktreichen, bewegten und bewegenden Künstlerlebens werden von diesen Werken abgesteckt.

Die Korrespondenz Goethes mit Ulrikes Mutter, Amalie von Levetzow in den folgenden Jahren ist voller dankbarer Erinnerungen an die gemeinsam verbrachten glücklichen Wochen und Tage in Böhmen. Ulrike erfährt verständlicherweise in diesen Briefen stets eine besondere Behandlung. Zu einem neuerlichen Zusammentreffen kommt es jedoch nicht mehr, obwohl mehrfach Pläne geschmiedet oder zumindest erwogen wurden. Seitens der Levetzows, so der Eindruck, wurde bewusst alles vermieden, was bei Goethe alte Wunden hätte aufreißen können, zumal Ulrikes Erinnerungen an die Ereignisse von 1823 nicht schmerzvoll waren. Auch war der Levetzowschen Familie nicht daran gelegen, dem damaligen Klatsch neue Nahrung zu geben. Selbst eine zufällige und von Goethe nicht bemerkte Begegnung bei einem Pferdewechsel an einer Poststation ließen die Damen diskret verstreichen.

Goethe blieben die Erinnerungen und der »zierliche Becher«. Dieser »Vertraute meiner Gedanken«, wie er vieldeutig schrieb, mit dem sich die »süßen Namenszüge« seinen Lippen nähern konnten, erhielt einen Ehrenplatz in seinem persönlichsten Bereich, dem Arbeitszimmer am Frauenplan. Regelmäßig zum 28. August, seinem Geburtstag, nahm er ihn hervor. Auf der letzten Ausfahrt seines Lebens, der Reise nach Ilmenau und auf den Kickelhahn im August 1823, begleitete ihn dieses Marienbader Liebesgeschenk wie eine Reliquie; heute wird sie im kleinen Esszimmer des Wohnhauses ausgestellt.

Das Leben Ulrikes

Auf Schloss Trieblitz in der Leitmeritzer Gegend in Böhmen, einem Gut, das sie über ihren Stiefvater, den Grafen Klebelsberg, in Besitz nehmen konnte, verbrachte Ulrike von Levetzow den Großteil ihres Lebens, das wohl harmonisch, diszipliniert und glücklich war. Den Bewohnern des gleichnamigen Dorfs, das zum Schloss gehörte, und ihren Bediensteten war sie vermutlich eine stets wohlwollende Herrin. Sie blieb unvermählt, nicht weil sie Goethes »letzte Liebe« bzw. letzte Ausprägung seines Frauenideals gewesen war, sondern weil ihre harmonische Natur keiner Ergänzung bedurfte. Sie sammelte alte Grafiken und Bilder, liebte die Parforcejagd und ihre Haustiere und führte eine Spinnschule in Trieblitz. Eng verbunden war sie mit ihrer verwitweten Halbschwester Bertha und deren Familie, die das eine Fußstunde entfernte Schloss Netluk bewohnte. Bereits um die Jahrhundertmitte erschienen die beiden Schwestern ihren Zeitgenossen als »steinalte Damen in vorweltlicher Tracht«, die einer längst verflossenen Zeit angehörten.

Zeitlebens entrüstete sich Ulrike, wenn ihre Beziehung zu Goethe 1823 als »amour« dargestellt wurde:

Schloss Trieblitz, Lithografie um 1840

»Der Goethe war mir eine Respectsperson«, lautete dann ihr trocken-entschiedener Kommentar. Im Jahre 1887 übergab sie die Briefe, die sie von Goethe erhalten hatte, Großherzogin Sophie von Sachsen. Andere Erinnerungsstücke und persönliche Gegenstände, die das Aussiger Stadtmuseum nach dem Ersten Weltkrieg in seinem »Goethe-Levetzow-Zimmer« bewahrte, scheinen zum Teil den Wirren der folgenden Jahrzehnte zum Opfer gefallen zu sein. Ulrike von Levetzow aber bleibt für immer verbunden mit der letzten und erstaunlichen »temporären Verjüngung« des 74-jährigen Johann Wolfgang von Goethe.

Ulrike von Levetzow, Fotografie, 1890 (?)

ULRIKE VON LEVETZOW ERINNERT SICH

Es hat mir schon oft leidgetan, dass die Erinnerung an die Zeit, welche ich Goethe gekannt, mit mir begraben wird, und damit auch all die falschen, oft fabelhaften Geschichten, welche darüber gedruckt wurden, nicht widerlegt werden; ich will versuchen, was auf die Zeit Bezug hat und mir noch erinnerlich ist, hier aufzuschreiben.

Meine Großeltern Brösigke müssen schon mit Goethe und auch Schiller bekannt gewesen sein, wie sie auch mit dem Großherzog von Weimar nicht nur bekannt, sondern befreundet waren, wie ich das ja selber noch in Marienbad gesehen habe, wo sie sich mit dem Großherzog so oft alter Zeiten und Bekannten erinnerten. Großvater war ja in Sachsen reich begütert, zuerst, [Lücke] dann die große Herrschaft Löbnitz, und liebte die Jagd leidenschaftlich. Goethe mochte sie wohl in Bädern kennengelernt haben, zuerst vielleicht in einem kleinen Bade bei Leipzig, Lauchstädt; ich kann mich dessen noch ganz dunkel aus meiner frühsten Kindheit erinnern, wie ich auch die Großeltern mit Goethe darüber sprechen hörte. Meine Mutter (Amalie Theodore Karoline von Levetzow, geb. von Brösigke, war seit 1803 in erster Ehe mit dem Mecklenburg-Schweriner Hofmarschall Otto von Levetzow verheiratet) hatte Goethe, als ganz junge Frau, in Karlsbad kennengelernt oder wieder angetroffen; denn sie erzählte oft, dass sie durch Goethe in große Verlegenheit gesetzt wurde, da er sie in Karlsbad bei einem Spaziergange gefragt habe,

Berta (?) und Ulrike von Levetzow, Aquarell von Marie Krafft, 1834

welche Gedichte ihr lieber, die seinen oder die von Schiller; Mutter hatte erwidert: »Ich verstehe wohl beide nicht immer, doch die von Schiller fühle ich.« Goethe nahm ihr die Antwort nicht übel, sondern blieb sehr freundlich mit ihr und zog sie sehr viel ins Gespräch. Nach mehreren Jahren war Mutter in Teplitz und bei einer großen Gesellschaft bei Fürst Clary, wo Goethe erwartet wurde. Goethe kam, als Mutter sich gerade sehr lebhaft mit einigen Bekannten unterhielt, und hatte Goethe noch nicht bemerkt, als er in den Kreis mit den Worten trat: »Die Stimme kann nur meiner kleinen Levetzow gehören«; von da unterhielt er sich fast ausschließlich mit ihr, und später wurden Mutter viele Vorwürfe gemacht, dass sie nicht schon vorher gesagt, dass sie Goethe so gut kenne. In einem Brief, welchen ich von Goethe erhalten, nennt er meine Mutter einen glänzenden Stern seiner frühen Jahre.
Ich lernte Goethe im Jahre 1821 in Marienbad kennen; Mutter hatte mich aus meiner Pension in Straßburg herausgenommen, um mit mir einige Monate bei meinen Großeltern in Marienbad zuzubringen; Marienbad war damals noch ein kleiner, erst fast entstehender Ort, und unser Haus, »Stadt Weimar«, fast das größte und schönste. Goethe hatte dort seine Wohnung genommen, und ich kann mich noch des ersten Kennenlernens sehr deutlich erinnern. Großmutter ließ mich zu sich rufen, und das Mädchen sagte mir, es sei ein alter Herr bei ihr, welcher mich sehen wollte, was mir gar nicht angenehm, da es mich in einer eben begonnenen Handarbeit störte. Als ich ins Zimmer trat,

wo meine Mutter auch war, sagte diese: »Das ist meine älteste Tochter Ulrike.« Goethe nahm mich bei der Hand und sah mich freundlich an und frug mich, wie mir Marienbad gefalle. Da ich die letzten Jahre in Straßburg in einer französischen Pension zugebracht, auch erst 17 Jahre alt war, wusste ich gar nichts von Goethe, welch berühmter Mann und großer Dichter er sei, war daher auch ohne alle Verlegenheit einem so freundlichen alten Mann gegenüber, ohne alle Schüchternheit, welche mich sonst meist bei meinen Bekanntschaften ergriff. Goethe forderte mich gleich den anderen Morgen auf, mit ihm einen Spaziergang zu machen, wo ich ihm viel von Straßburg und der Erziehungsanstalt erzählen musste; ich klagte besonders, wie ich mich ohne meine Schwestern, von welchen ich zum ersten Mal getrennt sei, einsam fühlte, und ich bin überzeugt, dass gerade diese kindliche Unbefangenheit ihn interessierte, denn von da an beschäftigte er sich sehr viel mit mir, fast jeden Morgen nahm er mich mit, wenn er spazieren ging, und ging ich nicht mit, brachte er mir Blumen mit, da er wohl sehr bald merkte, dass ich an den Steinen, welche er oft betrachtete, kein Interesse hatte, doch sonst mich gern unterrichten ließ; auch gegen Abend saß er oft stundenlang auf einer Bank vor der Türe, wo er mir von sehr verschiedenen Gegenständen erzählte. Als ich da wohl hörte, welch großer Gelehrter er sei, war ich schon viel zu bekannt und vertraut mit ihm, dass es mich hätte einschüchtern oder verlegen machen können; es fiel auch später niemandem und auch meiner Mutter nicht ein, in dem vielen Zusammensein etwas anderes als ein Wohlgefallen eines alten Mannes, welcher mein Großvater hätte sein können nach den Jahren, zu einem Kind, welches ich ja noch war, zu finden. Goethe war ein so freundlicher, liebenswürdiger alter Herr, an welchen sich ein junges Wesen wohl anschließen konnte, besonders, wenn sie ein reges Interesse an allem nahm, was er in so angenehmer Form ihr lebhaft beschrieb: Blumen, Steine, Sterne und Literatur …

Noch in diesem Sommer schenkte mir Goethe »Wilhelm Meisters Wanderjahre«, es war ihm das Buch als neue Auflage zur Durchsicht nach Marienbad gesandt worden. Als er es mir gegeben und ich darin zu lesen begann, fand ich, dass schon früher etwas sein musste, da sich manches noch mir Unbekanntes begab, und als ich es Goethe sagte und ihn bat, mir doch das frühere Buch auch zu geben, meinte er, es sei nicht recht für mich, er wolle mir lieber daraus erzählen, damit ich die Wanderjahre recht verstehe. Wie oft habe ich später bedauert, mir diese Erzählung nicht aufgeschrieben zu haben, das würde sicher von viel größerem Interesse sein als viele der Briefe und Zettel, von welchen man jetzt ein solches Wesen macht.

Als unser Kreis von Bekannten sich in Marienbad mehrte, ich auch mehrere junge Mädchen kennenlernte, ist es öfter vorgekommen, dass Goethe uns kleine Spiele angab, wenn schlechtes Wetter am Ausgehen hinderte. Unter meinen besten Bekannten schloss ich mich besonders an eine Kurländerin, Fräulein Fölkersam; sie zeichnete Goethe teils nach ihrer Erinnerung und Bildern von ihm; sie schickte mir dieses Bild, und mein Großvater ließ es mir auf das Buch »Wilhelms Wanderjahre« binden. Goethe hatte selber meinen Namen in das Buch geschrieben.

Im Sommer 1822 waren wir wieder mit Goethe in Marienbad und dieses Mal waren auch meine Schwestern mit, da auch sie das Erziehungshaus in Straßburg verlassen hatten. Überhaupt war in diesem Jahr der Kreis unserer Bekannten ein viel größerer, mein späterer Stiefvater, Graf Klebelsberg, war auch da; es kam Graf Kaspar Sternberg, welcher schon lange in brieflichem Verkehr mit Goethe stand, ihn aber da erst persönlich kennenlernte und zwar [Lücke] meiner Mutter. Goethe war wie im früheren Jahre fast immer mit uns, zu gleicher Zeit war ein Doktor Pohl, welcher in Brasilien lange gereist, er war wohl Naturforscher, dann der bekannte Chemiker Berzelius, ich glaube ein Schwede; von noch einigen anderen Herren, fast nur Gelehrten, habe ich die Namen vergessen; diese Herren führten sehr gelehrte, aber selbst uns so jungen Mädchen interessante Gespräche, und alle waren so freundlich, uns, was wir nicht verstanden, deutlich zu machen; meine jüngste Schwester Berta, die da nur erst 14 Jahre, interessierte sich für die Mineralogie, und die von mir genannten Herren und Goethe stellten ihr eine nette Sammlung von Steinen zusammen, wo sie die meisten Steine lernte und die Namen selber aufgeschrieben auf die Steine befestigte. Dr. Pohl lieferte dann noch einige geschliffene Halbedelsteine. Berta gab diese Sammlung viele Jahre später unserem Neffen Franz von Rauch, welcher sie zum Teile noch hat. Noch erinnere ich mich, dass die Herren den Versuch machten, böhmische Granate zu schmelzen, und Berzelius, welcher es hauptsächlich vornahm, erklärte, dass die Granate die härtesten Edelsteine nach dem Diamant seien. Ein anderes Mal rief Goethe uns zu sich, wo er auf einer langen Tafel alle Steingattungen, welche sich in der Gegend um Marienbad finden, geordnet hatte, er führte mich zu einer Stelle, wo er zwischen den Steinen 1 Pfund Wiener Schokolade gelegt hatte, worauf geschrieben stand: Genieß das auf deine eigne Weise, wo nicht als Trank, doch als geliehne Speise. G. Ich habe dies Papier D. Jaksch geschenkt, welcher ein so großer Verehrer Goethes ist und der meiner lieben Mutter ihr langjähriger Doktor war. Dass Goethe die Schokolade für mich zwischen die Steine gelegt, war Scherz, weil ich den Steinen kein Interesse abgewinnen konnte.

Auch in diesem Sommer war Goethe sehr freundlich mit mir und zeichnete mich bei jeder Gelegenheit aus, oft sagte er zu meiner Großmutter, wie sehr er wünschte, noch einen Sohn zu haben, denn der müsste dann mein Mann werden, mich würde er ganz nach seinem Sinn ausbilden, er habe eine große und väterliche Liebe für mich.

Goethe schenkte mir wieder ein Buch, welches ihm geschickt wurde, »Aus meinem Leben. Zweite Abteilung. 5. Teil. Auch ich in der Champagna«. Er hatte darein geschrieben: Wie schlimm es einem Freund ergangen, / Davon gibt dieses Buch Bericht. / Nun ist sein tröstendes Verlangen: / Zur guten Zeit

vergiss ihn nicht. Marienbad d. 24. Juli 1822.
Es wurde in dieser Zeit auch von Handschriften gesprochen und Goethe sagte, dass er keine Schrift von Friedrich dem Großen gesehen. Da holte mein Großvater einen Brief des Königs, worin er die Patenstelle bei ihm annahm; da das Papier ziemlich verbogen und zu zerreißen drohte, sagte Goethe, er wolle es wieder glätten und in Ordnung bringen; da er es aber bei seiner Abreise meinem Großvater nicht zurückgestellt, glaubte dieser, er würde den Brief wohl nicht wieder zurückerhalten, doch Goethe sandte ihn schon von Eger, wo er sich bei einem Bekannten von ihm schon früher aufgehalten, meinem Großvater zurück. Goethe hatte den Brief auf Papier aufgezogen und auf der anderen Seite dazu geschrieben: Das Blatt, wo seine Hand geruht / Die einst der Welt geboten, / Ist herzustellen fromm und gut, / Preis ihm, dem großen Toten.
Den Sommer 1822 waren sehr viele Menschen in Marienbad, und fast alle bemühten sich, Goethe kennenzulernen, und da er oft nicht aufgelegt war, neue Bekanntschaften zu machen, geschah es öfter, dass ich gebeten wurde, es zu vermitteln, auch schlug er es mir nie ab.
Hier verlässt mich nun mein Gedächtnis, denn ich erinnere mich nicht recht, ob in diesem Jahr oder erst im darauffolgenden der Großherzog von Weimar, welcher ja so befreundet mit Goethe war, auch nach Marienbad kam; doch dass er in unserm Hause wohnte, das weiß ich, wie auch, dass das Haus noch nicht den Namen »Stadt Weimar« erhalten hatte. Ich sagte schon, dass der Großherzog sehr

befreundet mit meinen Großeltern und meiner Mutter war, auch uns hatte er schon als Kinder öfters gesehen; er war mit uns allen sehr freundlich und gnädig, und er war es, welcher meinen Eltern und auch mir sagte, dass ich Goethe heiraten möchte; erst nahmen wir es für Scherz und meinten, dass Goethe sicher nicht daran denke, was er widersprach, und oft wiederholte, ja selbst mir es von der lockendsten Seite schilderte, wie ich die erste Dame am Hofe und in Weimar sein würde, wie sehr er, der Fürst, mich auszeichnen wollte, er würde meinen Eltern gleich ein Haus in Weimar einrichten und übergeben, damit sie nicht von mir getrennt lebten, für meine Zukunft wollte er in jeder Weise sorgen; meiner Mutter redete er sehr zu, und später hörte ich, dass er ihr versprochen, dass, da nach aller Wahrscheinlichkeit ich Goethe überleben würde, er mir nach dessen Tod eine jährliche Pension von 10 000 Talern aussetzen wollte. Meine Mutter hatte sich aber fest vorgenommen, keine ihrer Töchter zu einer Heirat zu überreden und zu bestimmen, doch sprach sie darüber mit mir und frug mich, ob ich mich wohl dazu geneigt fühle, worauf ich erwiderte: ob sie es wünsche, dass ich es tue; ihre Antwort war: »Nein, mein Kind, du bist noch zu jung, um dass ich dich schon jetzt verheiratet sehen möchte; doch ist der Antrag so ehrenvoll, dass ich auch nicht, ohne dich darüber zu fragen, ihn abweisen kann; du musst es dir überlegen, ob du in einer solchen Lage den Goethe heiraten kannst.« Ich meinte, ich brauche keine Zeit, zu überlegen, ich hätte Goethe sehr lieb, so wie einen Vater, und

wenn er ganz allein stünde, ich daher glauben dürfte, ihm nützlich zu sein, da wollte ich ihn nehmen; er habe aber durch seinen Sohn, welcher verheiratet sei und welcher bei ihm im Hause lebt, eine Familie, welche ich ja verdrängen würde, wenn ich mich an ihre Stelle setzte; er brauche mich nicht, und die Trennung von Mutter, Schwestern und Großeltern würde mir gar zu schwer; ich hätte noch gar keine Lust, zu heiraten. So war es abgemacht. Goethe selbst sprach nie darüber, weder mit meiner Mutter noch mit mir, wenn er mich auch seinen Liebling nannte, doch meist sein liebes Töchterchen.
Im Jahr 1823 waren wir nur kurze Zeit mit ihm in Marienbad zusammen, da meine Mutter Karlsbad brauchen musste, wohin Goethe aber auf einige Tage kam, mit uns im selben Hause wohnte und immer mit uns war, mit uns frühstückte und speiste, uns des Abends abwechselnd vorlesen ließ, wozu meine Schwester Amelie sich nie entschließen wollte und sich sehr viel mit ihm neckte, da sie sehr lebhaft war. In Karlsbad war er auch an seinem Geburtstag mit uns, und da meine Mutter merkte, dass er nicht wissen lassen wollte, dass es sein Geburtstag, so verbot sie auch uns, es zu erwähnen. Goethe sagte den Tag vorher, er wünsche sehr, dass wir mit ihm recht früh nach Elbogen fahren möchten und dass wir diesen Tag seine Gäste seien, wie er die ganze Zeit unser Gast gewesen. Mutter nahm es an, setzte für diesen Tag ihre Küche aus, und als Goethe um 7 Uhr früh zum Frühstück herunterkam, stand eine hübsche Tasse, auf welcher ein Efeukranz, an seinem Platz; nachdem er sie eine Zeit betrachtet,

wandte er sich zu meiner Mutter: »Warum die schöne Tasse?« – »Damit Sie an unsere Freundschaft erinnert werden. Efeu ist ja deren Sinnbild.« Goethe reichte der Mutter die Hand: »Wie hübsch, es soll mir ein liebes Andenken sein.« Bald fuhren wir fort und Goethe war die ganze Zeit sehr heiter, erzählte uns viele heitere Erlebnisse, besonders von seinen öfteren Aufenthalten in Karlsbad, auch in Elbogen zeigte er uns alle Merkwürdigkeiten. So kam die Essensstunde, er hatte seinen Kammerdiener schon früher nach Elbogen geschickt, damit er alle Vorbereitungen treffe. Mutter aber hatte einen schönen Kuchen, einen echten Geburtstagskuchen, und 2 Flaschen alten Rheinwein, welchen Goethe besonders liebte, mitgenommen, welche an dem Tisch standen und Goethe gleich bemerkte: »Welch schöner geschenkter Kuchen!« Nun erwiderte die Mutter: »Ich muss doch auch etwas zu dem Diner beitragen, und da wählte ich Biskuit und einen Wein, welches Sie ja lieben.« – »Meine aufmerksame kleine Freundin! Aber welch schönes Glas sehe ich wieder hier mit ihrem und der Kinder Namen!« Wieder sagte Mutter: »Wir wollen über allem nicht vergessen sein und Sie sollen sich unser und auch des heutigen schönen Beisammenseins erinnern und immer daran denken.« Goethe lächelte, dankte und blieb fort heiter. Zu Ende der Mahlzeit brachte sein Kammerdiener ihm einen ganzen Pack Briefe und Schriften, welche er zum Teil las, dabei öfters sagte: »Die lieben Menschen sind sehr freundlich und lieb«, wohl erwartend, dass wir fragen würden, was aber nicht geschah. So fuhren wir in heitrer Laune

nach Karlsbad zurück; schon von Weitem sahen wir vor dem Haus vor der Wiese viele Menschen und dass Musik uns erwartete. Gleich als wir ausstiegen, wurde Goethe umringt. Mutter winkte uns, sagte Goethe gute Nacht und ging mit uns hinauf. Da es schon spät, sahen wir Goethe erst am anderen Morgen wieder, wo seine erste Frage war: »Nicht wahr, Sie wussten, dass gestern mein Geburtstag?« Mutter sagte: »Wie sollte ich nicht? Da hätten Sie es nicht drucken lassen müssen!« Lachend schlug er sich vor den Kopf und meinte: »So wollen wir es den Tag des öffentlichen Geheimnisses nennen«, und so erwähnte er es auch später in seinen Briefen.
Ich kann nur wiederholen, was ich schon oft gesagt: Es war eine schöne Zeit, welche wir mit dem so liebenswürdigen Mann verlebt haben, und die Briefe, welche er noch lange Jahre mit meiner Mutter wechselte, zeigten, dass er sie auch nicht vergessen. Sehr viel hat Goethe zu meiner und meiner Schwestern Belehrung und Bildung beigetragen, da er über so viele Gegenstände mit uns gesprochen und auch meiner Mutter manchen Wink und Rat gegeben.
Gleich nach seinem Tod schrieb der Minister von Müller an meine Mutter und sandte ihr die Elegie, welche, wie man ja sagt, seiner Liebe zu mir ihre Entstehung dankt und die damals noch nicht gedruckt war, und schrieb meiner Mutter, ob sie nicht die Briefe, welche, wie er wisse, sie von Goethe habe, ihm senden wolle, damit sie mit veröffentlicht würden. Mutter wollte aber erst wissen, ob unter dem Nachlass sich ihre Briefe an Goethe gefunden, das war nicht der Fall; denn wie H. von Müller

schrieb, hätten sich in einem Fach des Schreibtisches nur einige kleinere Arbeiten, dann Tasse und Glas mit meinem Namen, alles mit einem roten Band zusammengebunden, gefunden, da wollte denn Mutter die Briefe auch nicht veröffentlicht haben und gab sie nicht her, so wie ich auch nicht. Ich könnte wohl noch viel von der Zeit erzählen, doch ich denke, das genügt, um all das Fabelhafte, was darüber gedruckt, zu widerlegen – denn: keine Liebschaft war es nicht.

(Autobiografische Skizze der schon betagten Ulrike von Levetzow, in den Jahren zwischen 1868 und 1887 auf Schloss Trieblitz niedergeschrieben, aus: August Sauer, Ulrike von Levetzows Erinnerungen an Goethe, 1904)

KALENDARIUM

1. SONNTAG I NEUJAHR
Die Hoffnung hilft uns leben …

2. MONTAG
Ich fühle ganz mein Herz dir hingegeben!
Du musst! Du musst! Und kostet es mein Leben!

3. DIENSTAG
Wenn ich nur nichts von Nachwelt hören sollte!
Gesetzt, dass ich von Nachwelt reden wolle,
Wer machte denn der Mitwelt Spaß?
Den will sie doch und soll ihn haben!

4. MITTWOCH
Statt der lebendigen Natur,
Da Gott die Menschen schuf hinein,
Umgibt in Rauch und Moder nur
Dich Tiergeripp und Totenbein!

5. DONNERSTAG
Denn mir bleiben weit mehr die Nebel des traurigen Nordens
Als ein geschäftiges Volk südlicher Flöhe verhasst.

6. FREITAG I HEILIGE DREI KÖNIGE
Wir sind naturforschend Pantheisten, dichtend Polytheisten, sittlich Monotheisten.

7. SAMSTAG
Auch ich verharre meiner Pflicht,
Der Schatten weicht der Sonne nicht.

8. SONNTAG

Wer ein Phänomen vor Augen hat, denkt schon oft darüber hinaus; wer nur davon erzählen hört, denkt gar nichts.

9. MONTAG

Mit den Jahren steigern sich die Prüfungen.

10. DIENSTAG

Hat Rat bei Menschen je gegolten?
Ein kluges Wort erstarrt im harten Ohr.

11. MITTWOCH

Wer das Rechte kann, der soll es wollen;
Wer das Rechte will, der sollt es können,
Und ein jeder kann's, der sich bescheidet,
Schöpfer seines Glücks im Kleinen.

12. DONNERSTAG

Schlagt ihn tot, den Hund! Es ist ein Rezensent!

13. FREITAG

Seid reinlich bei Tage
Und säuisch bei Nacht,
So habt ihr's auf Erden,
Am weitesten gebracht.

14. SAMSTAG

Hat mich nicht zum Manne geschmiedet
Die allmächtige Zeit
Und das ewige Schicksal,
Meine Herrn und deine?

15. SONNTAG
Schwache passen an keinen Platz in der Welt, sie müssten denn Spitzbuben sein.

16. MONTAG
Auch kann eine Seele auf die andere durch bloße stille Gegenwart entschieden einwirken …

17. DIENSTAG
Der Mensch sehnt sich ewig nach dem, was er nicht ist.

18. MITTWOCH
Die Zeit ist aus dem Gelenke; wehe mir, dass ich geboren ward, sie wieder einzurichten.

19. DONNERSTAG
Ihr wollet meiner spotten:
Denn, ist der Fisch gesotten,
Was hilft es, dass die Quelle fließt!

20. FREITAG | 210. TODESTAG WIELANDS
Was hilft dem Menschengeist Verstand,
Dem Herzen Güte, Willigkeit der Hand,
Wenn's fieberhaft durchaus im Staate wütet
Und Übel sich in Übeln überbrütet.

21. SAMSTAG
Du musst steigen oder sinken,
Du musst herrschen und gewinnen,
Oder dienen und verlieren,
Leiden oder triumphieren,
Amboss oder Hammer sein.

22. SONNTAG

Die Sterne, die begehrt man nicht,
Man freut sich ihrer Pracht,
Und mit Entzücken blickt man auf
In jeder heitren Nacht.

23. MONTAG

Ich bin mehr als jemals überzeugt, dass man durch den Begriff der Stetigkeit den organischen Naturen trefflich beikommen kann.

24. DIENSTAG

Zu strenge Fordrung ist verborgner Stolz.

25. MITTWOCH

Wer streiten will, muss sich hüten, bei dieser Gelegenheit Sachen zu sagen, die ihm niemand streitig macht.

26. DONNERSTAG

Mancher grüßet uns freundlich bei Tage, doch käm er im Finstern,
Uns in den Weg, es möchte wohl kaum zum Besten geraten.

27. FREITAG

Große Talente sind das schönste Versöhnungsmittel.

28. SAMSTAG

Ein innres Unbehagen fügt sich oft,
Auch wider unsern Willen, an die Tat.

29. SONNTAG

Jedermann beklagt sich über die äußerste Teurung und fährt doch fort, Geld auszugeben und den Luxus zu vermehren, über den er sich beschwert.

30. MONTAG

Der Theolog befreit sich von der Sünde, die er selbst erfunden hat …

31. DIENSTAG

Toll ist: wer Toren belehrt, Weisen widerredet, von hohlen Reden bewegt wird, Huren glaubt, Geheimnisse Unsichern vertraut.

1. MITTWOCH

Denn wir merken erst, wie traurig und unangenehm ein trüber Tag ist, wenn ein einziger durchdringender Sonnenblick uns den aufmunternden Glanz einer heitern Stunde darstellt.

2. DONNERSTAG

Tut, was ihr wollt: Es ist ganz einerlei!

3. FREITAG

Suche nicht vergebne Heilung!
Unsrer Krankheit schwer Geheimnis
Schwankt zwischen Übereilung
Und zwischen Versäumnis.

4. SAMSTAG

Was dem einen widerfährt,
Widerfährt dem andern;
Niemand wäre so gelehrt,
Der nicht sollte wandern.
Und ein armer Teufel kommt
Auch von Stell zu Stelle;
Frauen wissen, was ihm frommt,
Welle folgt der Welle.

5. SONNTAG
Sage mir, mit wem du umgehst, so sage ich dir, wer du bist; weiß ich, womit du dich beschäftigst, so weiß ich, was aus dir werden kann.

6. MONTAG
Alles, worein der Mensch sich ernstlich einlässt, ist ein Unendliches; nur durch wetteifernde Tätigkeit weiß er sich dagegen zu helfen …

7. DIENSTAG
Kein tüchtiger Mensch lässt seiner Brust den Glauben an Unsterblichkeit rauben.

8. MITTWOCH
Wir leben innerhalb der abgeleiteten Erscheinungen und wissen keineswegs, wie wir zur Urfrage kommen sollen.

9. DONNERSTAG
Es wäre doch hübsch, wenn man es dahin brächte, dass man wüsste, was die Leute urteilen müssen.

10. FREITAG
Wer sein Vaterland nicht kennt, hat keinen Maßstab für fremde Länder.

11. SAMSTAG
Die Menge schätzt nur den Widerschein des Verdienstes.

12. SONNTAG

Ein irdischer Verlust ist zu bejammern,
Ein geistiger treibt zur Verzweiflung hin.

13. MONTAG

Dies Büchlein soll dir manches Gute zeigen,
Das Beste nur muss ich zuletzt verschweigen.

14. DIENSTAG

Wer vieles bringt, wird manchem etwas bringen …

15. MITTWOCH

Man wird sich an den Vorzügen seiner Zeit nicht wahrhaft und redlich freuen, wenn man die Vorzüge der Vergangenheit nicht zu würdigen versteht.

16. DONNERSTAG

Schauen kann der Mann und wählen!
Doch was hilft ihm oft die Wahl;
Kluge schwanken, Weise fehlen,
Doppelt ist dann ihre Qual.

17. FREITAG

Am Flusse kannst du stemmen und häkeln;
Überschwemmung lässt sich nicht mäkeln.

18. SAMSTAG

Der Wein, er erhöht uns, er macht uns zum Herrn!
Und löset die sklavischen Zungen.

19. SONNTAG
Wie herrlich ist die Welt! Wie schön!
Heil ihm, der je sie so gesehn!

20. MONTAG | ROSENMONTAG
Da indessen die Menschen aus jedem Verlust und Unglück sich wieder einen Spaß herauszubilden suchen …

21. DIENSTAG | FASTNACHT
Als wenn ich auf den Maskenball käme
Und gleich die Larve vom Angesicht nähme.

22. MITTWOCH | ASCHERMITTWOCH
Ernst und Heiligkeit mäßigen die Lust, und nur durch Mäßigung erhalten wir uns.

23. DONNERSTAG
Wie schwer ist es, eine bewegte Menge wieder zur Ruhe zu bringen.

24. FREITAG
Soll ich vielleicht in tausend Büchern lesen,
Dass überall die Menschen sich gequält,
Dass hie und da ein Glücklicher gewesen?

25. SAMSTAG
… dass der Mensch, um frei zu sein, sich selbst beherrschen müsse.

26. SONNTAG

Es ist ganz einerlei, vornehm oder gering zu sein: Das Menschliche muss man immer ausbaden.

27. MONTAG

Missgunst lauert auf,
Schnell regt sie Wog auf Woge, Sturm auf Sturm.

28. DIENSTAG

Nur die Muse gewährt einiges Leben dem Tod.

1. MITTWOCH
Wer kennt den Schelm in tiefer Nacht genau?
Schwarz sind die Kühe, so die Katzen grau.

2. DONNERSTAG
Wir mögen an der Natur beobachten, messen, rechnen, wägen usw., wie wir wollen, es ist doch nur unser Maß und Gewicht, wie der Mensch das Maß der Dinge ist.

3. FREITAG
Doch ich weiß, dass den Menschen von zitternder Nerve eine Mücke irren kann und dass dagegen kein Reden hilft.

4. SAMSTAG
Ein Glück, dass wir in der unbeweglichen nordischen Masse stecken, gegen die man sich so leicht nicht wenden wird.

5. SONNTAG
Wer kein ungrischer Ochs ist, kommt mir nicht zu nah.

6. MONTAG
Das find ich gut, da ließe sich ein Pakt
Und sicher wohl, mit euch, ihr Herren, schließen?

7. DIENSTAG
Nicht die Talente, nicht das Geschick zu diesem oder jenem machen eigentlich den Mann der Tat; die Persönlichkeit ist's, von der … alles abhängt.

8. MITTWOCH I FRAUENTAG
Wenn etwas auch nicht schön ist, pflegte er zu sagen, so müssen wir doch so viel Fantasie haben, es schön zu finden.

9. DONNERSTAG
Freilich ist die Poesie nicht fürs Auge gemacht.

10. FREITAG
Durchaus wohltätig ist die Freiheit des Gemütes, kraft welcher allein die wahre Rührung möglich wird.

11. SAMSTAG
Wenn die Menschen recht schlecht werden, haben sie keinen Anteil mehr als die Schadenfreude.

12. SONNTAG

Was ist's denn so großes Leiden?
Geht's nicht, so lassen wir uns scheiden.

13. MONTAG

Kannst dem Schicksal widerstehn,
Aber manchmal gibt es Schläge;
Will's nicht aus dem Wege gehen,
Ei! So geh du aus dem Wege!

14. DIENSTAG

Wie seltsam uns ein tiefes Schicksal leitet
Und, ach ich fühl's, im Stillen werden wir
Zu neuen Szenen vorbereitet.

15. MITTWOCH

Zum Schönen wird erfordert ein Gesetz, das in die Erscheinung tritt.

16. DONNERSTAG

Die Deutschen, denen es am leichtesten fällt, zu schreiben, wie sie sprechen, die sich fremden Klängen, Quantitäten und Akzenten nicht ungern gleichstellen …

17. FREITAG

Ich hatte niemals einen Menschen ohne Schwäche gesehen; nur ist sie auffallender bei vorzüglichen Menschen.

18. SAMSTAG

Wir haben alle etwas von elektrischen und magnetischen Kräften in uns …

19. SONNTAG

Das Lebendge will ich preisen,
Das nach Flammentod sich sehnet.

20. MONTAG

Wenn Selbstgefühl sich in Verachtung andrer, auch der geringsten, auslässt, muss es widrig auffallen.

21. DIENSTAG

Das Hauptfundament des Sittlichen ist der gute Wille, der seiner Natur nach nur aufs Rechte gerichtet sein kann …

22. MITTWOCH | 191. TODESTAG GOETHES

Alles verdichtet Reim und Fleiß,
Wenn man es recht zu sondern weiß.

23. DONNERSTAG

Wo wir uns der Sonne freuen,
Sind wir jede Sorge los.

24. FREITAG

Vor dem Gewitter erhebt sich zum letzten Male der Staub gewaltsam, der nun bald für lange getilgt sein soll.

25. SAMSTAG

Durch Stolpern kommt man bisweilen weiter, man muss nur nicht fallen und liegen bleiben.

26. SONNTAG
Ich weiß es aus eigener Erfahrung, was das für eine schwere Sache ist, gegen den Strom zu schwimmen.

27. MONTAG
Ein Tag ist
Nicht dem anderen gleich.

28. DIENSTAG
Große Talente sind schlecht beraten.

29. MITTWOCH
Man tadelt den, der seine Taten wägt.

30. DONNERSTAG
Der ist nicht fremd, wer teilzunehmen weiß.

31. FREITAG
Der Medikus kuriert dir eine Krankheit weg, die andere herbei …

1. SAMSTAG

Wie kommt's, dass du so traurig bist,
Da alles froh erscheint?

2. SONNTAG
Und so wäre es wohl das Beste, sich nicht zu bekümmern, was andere tun, sondern immerfort zu suchen, wie weit man es selbst bringen kann.

3. MONTAG
Und so haltet's auch, ihr Hohen,
Gegen Gott wie der Geringen,
Tut und leidet, wie sich's findet,
Bleibt nur immer guter Dinge.

4. DIENSTAG
Der Umgang mit Großen ist immer dem vorteilhaft, der ihrer mit Maß zu brauchen weiß.

5. MITTWOCH
Unbedingte Tätigkeit, von welcher Art sie sei, macht zuletzt bankrott.

6. DONNERSTAG I GRÜNDONNERSTAG
Ungleich erscheint im Leben viel, doch bald
Und unerwartet ist es ausgeglichen.

7. FREITAG I KARFREITAG
Unglück bildet den Menschen und zwingt ihn, sich selber zu kennen.

8. SAMSTAG I KARSAMSTAG
Den Beweis der Unsterblichkeit muss jeder in sich selbst tragen, außerdem kann er nicht gegeben werden.

9. SONNTAG I OSTERSONNTAG
Die Unsterblichkeit ist nicht jedermanns Sache.

10. MONTAG I OSTERMONTAG I 216. TODESTAG ANNA AMALIAS
Das Unzulängliche widerstrebt mehr, als man denken sollte, dem Auslangenden.

11. DIENSTAG
Wahre, in alle Zeiten und Nationen eingreifende Urteile sind sehr selten.

12. MITTWOCH
Die Vaterschaft beruht überhaupt nur auf der Überzeugung; ich bin überzeugt, und also bin ich Vater.

13. DONNERSTAG
Ein jeder denkt in seinem Dunst,
Andrer Verdienst sei winzig klein.
Bewahre jeder die Vergunst,
Auf seine Weise toll zu sein.

14. FREITAG
Deine liebliche Kleinheit, dein holdes Auge, sie sagen
Immer: Vergiss nur nicht mein!

15. SAMSTAG
Sei's Frieden oder Krieg oder Sieg
Und nichts ist gefehlt,
Sobald sich in Liebe
Ein Pärchen vermählt.

16. SONNTAG

Mit dir versuch erst umzugehn,
Und kannst du dich nicht selbst verstehn,
So quäl nicht andre Leute.

17. MONTAG

Wer spät im Leben sich verstellen lernt,
Der hat den Schein der Ehrlichkeit voraus.

18. DIENSTAG

Wir leben in einer Zeit, wo wir einander viel verzeihen müssen.

19. MITTWOCH

Was eben wahr ist allerorten,
Das sag ich mit ungescheuten Worten.

20. DONNERSTAG

Wornach soll man am Ende trachten?
Die Welt zu kennen und sie nicht verachten.

21. FREITAG

Wind ist der Welle
Lieblicher Bruder;
Wind mischt vom Grund aus
Schäumende Wogen.

22. SAMSTAG

Die hohe Kraft
Der Wissenschaft,
Der ganzen Welt verborgen!
Und wer nicht denkt,
Dem wird sie geschenkt:
Er hat sie ohne Sorgen.

23. SONNTAG
Nur in Wirkung und Gegenwirkung erfreuen wir uns!

24. MONTAG
Wissen: das Bedeutende der Erfahrung, das immer ins Allgemeine hinweist.

25. DIENSTAG
In den Wissenschaften ist es höchst verdienstlich, das unzulängliche Wahre, was die Alten schon besessen, aufzusuchen und weiterzuführen.

26. MITTWOCH
Allgemein menschliches Wohlwollen, nachsichtiges, hilfreiches Gefühl verbindet den Himmel mit der Erde und bereitet ein dem Menschen gegönntes Paradies.

27. DONNERSTAG
Wenn man von Dingen spricht, die niemand begreift, so ist's einerlei, was für Worte man braucht.

28. FREITAG
Das Schicksal gewährt uns unsre Wünsche, aber auf seine Weise, um uns etwas über unsre Wünsche geben zu können.

29. SAMSTAG
Vieles wünscht sich der Mensch, und doch bedarf er nur wenig.

30. SONNTAG

Efeu und ein zärtlich Gemüt
Heftet sich an und grünt und blüht.
Kann es weder Stamm noch Mauer finden,
Es muss verdorren, es muss verschwinden.

1. MONTAG | MAIFEIERTAG

Mein Erbteil wie herrlich, weit und breit!
Die Zeit ist mein Besitz, mein Acker ist die Zeit.

2. DIENSTAG

Tolle Zeiten hab ich erlebt, und habe nicht ermangelt,
Selbst auch töricht zu sein, wie es die Zeit mir gebot.

3. MITTWOCH

Wie oft werden wir von einem scharf ins Auge gefassten Ziel abgelenkt, um ein höheres zu erreichen!

4. DONNERSTAG

Du bist mein und bist so zierlich,
Du bist mein und so manierlich,
Aber etwas fehlt dir noch:
Küssest mit so spitzen Lippen,
Wie die Tauben Wasser nippen;
Allzu zierlich bist du doch.

5. FREITAG

Ich kehre in mich selbst zurück und finde eine Welt!

6. SAMSTAG

Willst du zu deinem Zwecke gelangen,
Musst dir nicht selbst im Wege stehen …

7. SONNTAG
Wo bist du, Faust, des Stimme mir erklang,
Der sich an mich mit allen Kräften drang?

8. MONTAG
Bist mit dem Teufel du und du
Und willst dich vor der Flamme scheuen?

9. DIENSTAG | 218. TODESTAG SCHILLERS | EUROPATAG
Niemand sieht erbärmlich aus, der sich einiges Recht fühlt, fordern zu dürfen.

10. MITTWOCH
Was fragst du viel: Wo will's hinaus?
Wo oder wie kann's enden?
Ich dächte, Freund, du bliebst zu Haus,
Und sprächst mit deinen Wänden.

11. DONNERSTAG
Lass uns einander zur Freude leben und nicht zu weise werden.

12. FREITAG
Der Frühling webt schon in den Birken,
Und selbst die Fichte fühlt ihn schon;
Sollt er nicht auch auf unsre Glieder wirken?

13. SAMSTAG
So sind die Menschen fürwahr! Und einer ist doch wie der andre,
Dass er zu gaffen sich freut, wenn den Nächsten ein Unglück befället!

14. SONNTAG
Das Gedichtete behauptet sein Recht wie das Geschehene.

15. MONTAG
Die Gegenwart im Augenblicke des Bedürfnisses entscheidet alles, lindert alles, kräftiget alles.

16. DIENSTAG
Von Jugend auf hab ich gelernt gehorchen,
Erst meinen Eltern und dann einer Gottheit,
Und folgsam fühlt ich immer meine Seele
Am schönsten frei …

17. MITTWOCH
Gelegenheit macht Verhältnisse, wie sie Diebe macht …

18. DONNERSTAG | CHRISTI HIMMELFAHRT
Das Göttliche, das wir freilich nicht kennen würden, wenn es der Mensch nicht fühlte und selbst hervorbrächte.

19. FREITAG
Ich fühle wohl, Bester, es gehört Genie zu allem, auch zum Märtyrertum.

20. SAMSTAG
Denn was nicht gesellig gesungen werden kann, ist wirklich kein Gesang, wie ein Monolog kein Drama.

21. SONNTAG

Gute Gesellschaft hab ich gesehn, man nennt
sie die gute,
Wenn sie zum kleinsten Gedicht keine
Gelegenheit gibt.

22. MONTAG

Gesotten oder gebraten!
Er ist ans Feuer geraten.

23. DIENSTAG

Bedenke nicht, gewähre, wie du's fühlst.

24. MITTWOCH

Es gibt zwei friedliche Gewalten: das Recht und die Schicklichkeit.

25. DONNERSTAG

Der Glaube an das, was man nicht sieht, ist sehr rar.

26. FREITAG

Gesetzgeber oder Revolutionärs, die Gleichsein und Freiheit zugleich versprechen, sind Fantasten oder Charlatans.

27. SAMSTAG

Nur die ungebildete Seite an uns ist es, von der her wir glücklich sind. Jeder Mensch hat so eine.

28. SONNTAG I PFINGSTSONNTAG
Pfingsten, das liebliche Fest …

29. MONTAG I PFINGSTMONTAG
Festlich heiter glänzet der Himmel und farbig die Erde.

30. DIENSTAG
Unter allen Völkerschaften haben die Griechen den Traum des Lebens am schönsten geträumt.

31. MITTWOCH
Wer Gründe anhört, kommt in Gefahr, nachzugeben.

1. DONNERSTAG
Und was man Gutes denkt, kommt meist erst hinterdrein.

2. FREITAG
Wenn es eine Freude ist, das Gute zu genießen, so ist es eine größere, das Bessere zu finden, und in der Kunst ist das Beste gut genug.

3. SAMSTAG
Toren und gescheite Leute sind gleich unschädlich. Nur die Halbnarren und Halbweisen, das sind die gefährlichsten.

4. SONNTAG
... wer handelt, muss fürs Nächste sorgen.

5. MONTAG
Die Welt ist nicht aus Brei und Mus geschaffen,
Deswegen haltet euch nicht wie Schlaraffen:
Harte Bissen gibt es zu kauen;
Wir müssen erwürgen oder sie verdauen.

6. DIENSTAG
Durch Heftigkeit ersetzt der Irrende,
was ihm an Wahrheit und an Kräften fehlt.

7. MITTWOCH
War die Henne zuerst? Oder war das Ei vor der Henne? Wer dies Rätsel löst, schlichtet den Streit um den Gott.

8. DONNERSTAG I FRONLEICHNAM
Was sich der Mensch kümmerlich durch Stufen hinaufarbeiten muss!

9. FREITAG
Hoffen und Harren ist gar meine Sache nicht.

10. SAMSTAG
Des Kindes Hoffnung ist der Jüngling, des Jünglings der Mann.

11. SONNTAG
Handelt einer mit Honig, er leckt zuweilen die Finger.

12. MONTAG
Es gibt nichts Gemeines, was, fratzenhaft ausgedrückt, nicht humoristisch aussähe.

13. DIENSTAG
Wer sich vor der Idee scheut, hat auch zuletzt den Begriff nicht mehr.

14. MITTWOCH I 195. TODESTAG CARL AUGUSTS
Wie kannst du dich so quälen!
Geh in dich selbst!
Entbehrst du drin
Unendlichkeit in Geist und Sinn,
So ist dir nicht zu helfen.

15. DONNERSTAG
Jede Rückkehr vom Irrtum bildet mächtig den Menschen im Einzelnen und Ganzen aus, sodass man wohl begreifen kann, wie dem Herzensforscher ein reuiger Sünder lieber sein kann als neunundneunzig Gerechte.

16. FREITAG
Indessen darf man die Jugend nur gewähren lassen; nicht sehr lange haftet sie an falschen Maximen; das Leben reißt oder lockt sie bald davon wieder los.

17. SAMSTAG
Kennte der Jüngling die Welt genau,
Er würde im ersten Jahre grau.

18. SONNTAG

Wer sich kennt, kann sicher vor- und rückwärts gehn.

19. MONTAG

Ein Kavalier von Kopf und Herz
Ist überall willkommen;
Er hat mit seinem Witz und Scherz
Manch Weibchen eingenommen.
Doch wenn's ihm fehlt an Faust und Kraft,
Wer mag ihn dann beschützen?
Und wenn er keinen Hintern hat,
Wie mag der Edle sitzen?

20. DIENSTAG

Wenn man von einem Kinde redet, spricht man niemals den Gegenstand, immer nur seine Hoffnungen aus.

21. MITTWOCH

Kirschkerne wird niemand kauen;
Man kann sie verschlucken, doch nicht verdauen.

22. DONNERSTAG

Armer Mensch, an dem der Kopf alles ist!

23. FREITAG

Die ungeheuerste Kultur, die der Mensch sich geben kann, ist die Überzeugung, dass die anderen nicht nach ihm fragen.

24. SAMSTAG

Ach Gott! Die Kunst ist lang,
Und kurz ist unser Leben.

25. SONNTAG
Selbst im Augenblick des höchsten Glücks und der höchsten Not bedürfen wir des Künstlers.

26. MONTAG
Nicht Wünschelrute, nicht Alraune –
Die beste Zauberei liegt in der guten Laune.

27. DIENSTAG
Das Leben kehrt ebenso gut in der kleinsten Maus wie im Elefantenkoloss ein und ist immer dasselbe; so auch im kleinsten Moos wie in der größten Palme.

28. MITTWOCH
Leben ist ein großes Fest,
Wenn sich's nicht berechnen lässt.

29. DONNERSTAG
Ein Faktum unseres Lebens gilt nicht, insofern es wahr ist, sondern insofern es etwas zu bedeuten hatte.

30. FREITAG
Wir lernen viel und wissen wenig, am mindesten das Rechte.

1. SAMSTAG

Wer im Stillen um sich schaut,
Lernet, wie die Lieb erbaut.

2. SONNTAG
Liebe und Hass sind gar nah verwandt, und beide machen uns trüb sehen.

3. MONTAG
Die Literatur verdirbt sich nur in dem Maße, als die Menschen verdorbener werden.

4. DIENSTAG
Wie glücklich würde sich der Affe schätzen,
Könnt er nur auch ins Lotto setzen!

5. MITTWOCH
Gewisse Mängel sind notwendig zum Dasein des Einzelnen. Es würde uns unangenehm sein, wenn alte Freunde gewisse Eigenheiten ablegten.

6. DONNERSTAG
Es ist gefährlich, wenn man allzu lang
Sich klug und mäßig zeigen muss.

7. FREITAG
Überall bedarf der Mensch Geduld, überall muss er Rücksicht nehmen.

8. SAMSTAG
Es ist äußerst schwer, fremde Meinungen zu referieren, besonders wenn sie sich nachbarlich annähern, kreuzen und decken.

9. SONNTAG
Das Höchste, das Vorzüglichste am Menschen ist gestaltlos, und man soll sich hüten, es anders als in edler Tat zu gestalten.

10. MONTAG
Was ist der Mensch, dass du sein gedenkest.

11. DIENSTAG
Der menschliche Geist befindet sich in einer herrlichen Lage, wenn er verehrt, wenn er anbetet, wenn er einen Gegenstand erhebt und von ihm erhoben wird …

12. MITTWOCH
Kein Mensch kann eine Faser seines Wesens verändern, ob er gleich vieles an sich bilden kann.

13. DONNERSTAG
Es kommt jetzt darauf an, was einer auf der Waage der Menschheit wiegt; alles Übrige ist eitel.

14. FREITAG
Alle menschlichen Gebrechen
Sühnet reine Menschlichkeit.

15. SAMSTAG
Jeder Mensch in seiner Beschränktheit muss sich nach und nach eine Methode bilden, um nur zu leben.

16. SONNTAG
Und doch, missverstanden zu werden, ist das Schicksal von unsereinem.

17. MONTAG
In nichts wäre die Mittelstraße vielleicht wünschenswerter als im Vertrauen und Verschweigen gegen die, die wir lieben.

18. DIENSTAG
Der Gute, wie der Böse, müht sich viel,
Und beide bleiben weit von ihrem Ziel.

19. MITTWOCH
Das Sicherste bleibt immer, nur das Nächste zu tun, was vor uns liegt …

20. DONNERSTAG
Es gibt wenig Menschen, die sich mit dem Nächstvergangenen zu beschäftigen wissen.

21. FREITAG
Die Natur verstummt auf der Folter; ihre treue Antwort auf redliche Frage ist: Ja! Ja! Nein! Nein!

22. SAMSTAG
Wir sind bieder und natürlich,
Und das ist genug getan.

23. SONNTAG

Stumm war ich sitzen geblieben und biss die glühende Lippe halb aus Schalkheit und Lust, halb aus Begierde mir wund …

24. MONTAG

Fürwahr, es gibt eine geheimnisvolle Neigung jüngerer Männer zu älteren Frauen.

25. DIENSTAG

Die Gesamtnot und die Gesamtplage der Menschen ist eben die Not und Plage der Völker.

26. MITTWOCH

Einem Räuber sind wir keine Treue schuldig.

27. DONNERSTAG

Der törichtste von allen Irrtümern ist, wenn junge gute Köpfe glauben, ihre Originalität zu verlieren, indem sie das Wahre anerkennen, was von andern schon anerkannt worden.

28. FREITAG

Die Schere der Parze hingegen bestimmt die Länge, dem sich denn das Übrige alles zusammen unterwerfen muss.

29. SAMSTAG

Was soll mir euer Hohn
Über das All und Eine?
Der Professor ist eine Person,
Gott ist keine.

30. SONNTAG
Zudringlichkeit und Hochmut waren ihm (Goethe) so verhasst als Gespreiztheit und Ziererei.

31. MONTAG
So gut wie es Menschenplaneten gibt, kann es auch Fischplaneten und Vogelplaneten geben.

1. DIENSTAG
Durch Plagen kommt man zu nichts …

2. MITTWOCH
Doch auch das Possenhafte werde nicht verschmäht:
Der Haufe fordert, was der ernste Mann verzeiht.

3. DONNERSTAG
So wie der Weihrauch einer Kohle Leben erfrischet, so erfrischet das Gebet die Hoffnungen des Herzens.

4. FREITAG
Überhaupt ist es immer gefährlich, zum Publikum von der Gegenwart zu sprechen.

5. SAMSTAG
Wer sich vor dem Pulver fürchtet, muss nicht mit Pulver umgehen.

6. SONNTAG
Der beste Rat ist: Folge gutem Rat,
Und lass das Alter dir ehrwürdig sein.

7. MONTAG
Wir haben so viel Rechte hingegeben, dass uns auf nichts ein Recht mehr übrig bleibt.

8. DIENSTAG
Der Fehler schwacher Geister ist, dass sie im Reflektieren sogleich vom Einzelnen ins Allgemeine gehen, anstatt dass man nur in der Gesamtheit das Allgemeine suchen kann.

9. MITTWOCH
Du trägst sehr leicht, wenn du nichts hast;
Aber Reichtum ist eine leichte Last.

10. DONNERSTAG
Vom Reinen lässt das Schicksal sich versöhnen,
Und alles löst sich auf im Guten und im Schönen.

11. FREITAG
Für einen Reisenden geziemt sich ein skeptischer Realismus.

12. SAMSTAG
Das reizt nicht mehr, und was nicht reizt, ist tot.

13. SONNTAG

Und wer sich rüsten will, muss eine Kraft
Im Busen fühlen, die ihm nie versagt.

14. MONTAG

Dein stolzer Mund, der Sanftmut hingegeben,
Verkündet deines Wesens tiefste Ruh.

15. DIENSTAG | MARIÄ HIMMELFAHRT

Es gibt Menschen, die gar nicht irren, weil sie sich nichts Vernünftiges vorsetzen.

16. MITTWOCH

Zum Drehen und Walzen und lustigen Hopp
Erkieset sich jeder ein Schätzchen.

17. DONNERSTAG

Eines schickt sich nicht für alle!
Sehe jeder, wie er's treibe.

18. FREITAG

Das Schicksal ist unerbittlich und der Mensch wenig!

19. SAMSTAG

Wie glücklich ist der über alles, der, um sich mit dem Schicksal in Einigkeit zu setzen, nicht sein ganzes vorhergehendes Leben wegzuwerfen braucht!

20. SONNTAG
Uns lehrt eigener Schmerz, der andern
Schmerzen zu teilen

21. MONTAG
Lebst im Volke; sei gewohnt,
Keiner je des andern schont.

22. DIENSTAG
Jeder Schriftsteller schildert sich einigermaßen in seinen Werken, auch wider Willen, selbst …

23. MITTWOCH
Mag's die Welt zur Seite weisen,
Wenig Schüler werden's preisen,
Die an deinem Sinn entbrannt,
Wenn die Vielen dich verkannt.

24. DONNERSTAG
Die Knoten vieler Worte löst das Schwert
Gar leicht und schnell …

25. FREITAG | 279. GEBURTSTAG HERDERS
Zwei Seelen wohnen, ach! in meiner Brust,
Die eine will sich von der andern trennen:
Die eine hält in derber Liebeslust
Sich an die Welt mit klammernden Organen;
Die andre hebt gewaltsam sich vom Dunst
Zu den Gefilden hoher Ahnen.

26. SAMSTAG
Mit seltsamen Gebärden
Gibt man sich viele Pein.
Kein Mensch will etwas werden,
Ein jeder will schon etwas sein.

27. SONNTAG
Über vieles kann der Mensch zum Herrn sich machen, seinen Sinn bezwingt kaum die Not und lange Zeit.

28. MONTAG | 274. GEBURTSTAG GOETHES
Ein leichter Sinn trägt alles!

29. DIENSTAG
Nun der Smaragd allein verdient,
Dass er an deinem Herzen grünt.

30. MITTWOCH
Kein Stündchen scheide dir vergebens …

31. DONNERSTAG
Alle Sorgen
Nur auf Morgen!
Sorgen sind für morgen gut.

1. FREITAG
... die Sorge geziemt dem Alter, damit die Jugend eine Zeit lang sorglos sein könne.

2. SAMSTAG
Mit dem Ersten und Wichtigsten spielen, verderbt den Menschen.

3. SONNTAG | 266. GEBURTSTAG CARL AUGUSTS

Tote Sprachen nennt ihr die Sprache des Flaccus und Pindar,
Und von beiden nur kommt, was in der unsrigen lebt.

4. MONTAG

Durch Feinde, die uns umzingeln, schlagen wir uns allenfalls durch; die Netze der Staatsklugheit sind schwerer zu durchbrechen.

5. DIENSTAG | 290. GEBURTSTAG WIELANDS

Verdoppelt sich der Sterne Schein,
Das All wird ewig finster sein.

6. MITTWOCH

Nichts ist stillstehend.

7. DONNERSTAG

Auf ebnem Boden straucheln ist ein Scherz.

8. FREITAG

Ich ging im Walde
So für mich hin,
Und nichts zu suchen,
Das war mein Sinn.

9. SAMSTAG

Die Süßigkeit liegt nicht im Rohr,
Der Zucker, der ist süß.

10. SONNTAG

Als die Tage noch wuchsen, gefiel das Leben
mir wenig,
Nun abnehmend mit Eil, könnten gefallen sie
mir.

11. MONTAG

Nichts ist höher zu schätzen als der Wert des Tages.

12. DIENSTAG

Ich verwünsche das Tägliche, weil es immer absurd ist.

13. MITTWOCH

Glaube mir gar und ganz,
Mädchen, lass deine Bein in Ruh;
Es gehört mehr zum Tanz
Als rote Schuh.

14. DONNERSTAG

Auch in der Tat ist Raum für Überlegung.

15. FREITAG

Die persönliche Tapferkeit, die den Helden auszeichnet, ist die Base, auf der sein ganzes Wesen ruht, der Grund und Boden, aus dem es hervorsprosst. Er kennt keine Gefahr und verblendet sich über die größte, die sich ihm nähert.

16. SAMSTAG

Es ist nichts furchtbarer anzuschauen als grenzenlose Tätigkeit ohne Fundament.

17. SONNTAG
Sollt ich aus der Ferne schauen?
Nein, ich teile Sorg und Not!

18. MONTAG
Den Teufel halte, wer ihn hält!
Er wird ihn nicht so bald zum zweiten Male fangen.

19. DIENSTAG
Es ist nichts theatralisch, was nicht für die Augen symbolisch wäre.

20. MITTWOCH I WELTKINDERTAG
Toleranz sollte eigentlich nur eine vorübergehende Gesinnung sein: Sie muss zur Anerkennung führen. Dulden heißt beleidigen.

21. DONNERSTAG
Löblich wird ein tolles Streben,
Wenn es kurz ist und mit Sinn …

22. FREITAG
So raffe denn dich eilig auf
Du bist ein junges Blut,
In deinen Jahren hat man Kraft
Und zum Erwerben Mut.

23. SAMSTAG
Trinkt sich das Alter wieder zu Jugend,
So ist es wundervolle Tugend.

24. SONNTAG
Die Menschen sollten nur bewundern, dass ein Mensch noch Tugenden hat. Die Fehler verstehen sich von selbst.

25. MONTAG
Zur Tugend der Ahnen,
Ermannt sich der Held.

26. DIENSTAG
Viel übrig bleibt zu tun.
Möge nur keiner lässig ruhn!

27. MITTWOCH
Wer für die Welt etwas tun will, muss sich nicht mit ihr einlassen.

28. DONNERSTAG
Ein kleines Übel, das auf die größeren folgt, erfüllt das Maß …

29. FREITAG
Man frage nicht, ob man durchaus übereinstimmt, sondern ob man in einem Sinne verfährt.

30. SAMSTAG
Selbst wer gebieten kann, muss überraschen.

1. SONNTAG I ERNTEDANKTAG
Überzeugung soll mir niemand rauben;
Wer's besser weiß, der mag es glauben.

2. MONTAG
Eine tägliche Übersicht des Geleisteten und Erlebten macht erst, dass man seines Tuns gewahr und froh werde, sie führt zur Gewissenhaftigkeit.

3. DIENSTAG I TAG DER DEUTSCHEN EINHEIT
Und wenn der Überwundne klug ist,
Gesellt er sich zum Überwinder.

4. MITTWOCH
Was die häuslichen Freuden betrifft, die hat, dünkt mich, der Kanzler so gut als der Sekretarius.

5. DONNERSTAG
Wir waren wahrlich auch nicht dumm
Und taten oft, was wir nicht sollten;
Doch jetzo kehrt sich alles um und um,
Und eben da wir's fest erhalten wollten.

6. FREITAG
Ich pflege einen Unterschied zu machen zwischen Nichtdankbarkeit, Undank und Widerwillen gegen den Dank.

7. SAMSTAG
Es kommen einem im Leben mehr unerwartete wunderbare Dinge vor, und es wäre schlimm, wenn alles im Gleise ginge …

8. SONNTAG
Überstandenes Ungemach hat einen eigentümlichen Reiz.

9. MONTAG
Unmöglich ist's, drum eben glaubenswert.

10. DIENSTAG
Auch das Unnatürliche ist Natur, auch die plumpste Philisterei hat etwas von ihrem Genie. Wer sie nicht allenthalben sieht, sieht sie nirgendwo recht.

11. MITTWOCH
Unnütz sein ist tot sein.

12. DONNERSTAG
Wo die Geselligkeit Unterhaltung findet, ist sie zu Hause.

13. FREITAG
Alle Dinge haben ein paar Ursachen.

14. SAMSTAG
Wenn jeder die Maxime ausspräche, wonach er urteilt, so würde man sich im Großen und nicht im Einzelnen streiten, und man würde in einem höhern Sinne Partei nehmen, als es gewöhnlich in der Wissenschaft geschieht.

15. SONNTAG

Ein Vater, der sechs Söhne hat, ist verloren, er mag sich stellen, wie er will.

16. MONTAG

Und wenn das Kind sich nicht gleich nach der Geburt auf der Stelle zu Tode lacht, so kann es, wo nicht ein nützlicher, doch angenehmer Weltbürger werden.

17. DIENSTAG

So veränderlich auch mitunter die menschlichen Dinge sind, so bleiben doch manche Zustände lange Zeit immer dieselben.

18. MITTWOCH

Alles ist sodann gefunden:
ich bin dein und du bist mein,
Und so stehen wir verbunden;
Dürft es doch nicht anders sein!

19. DONNERSTAG

Verbinden heißt mehr als Trennen, Nachbilden mehr als Ansehen.

20. FREITAG

Wen man täglich von früh bis Abend sieht, der kann uns nicht mehr verführen.

21. SAMSTAG

Mein Freund, die Zeiten der Vergangenheit
Sind uns ein Buch mit sieben Siegeln.

22. SONNTAG
Alles Vergängliche ist nur ein Gleichnis …

23. MONTAG
Wenn sich der Verirrte findet,
Freuen alle Götter sich.

24. DIENSTAG I 284. GEBURTSTAG ANNA AMALIAS
So ein verliebter Tor verpufft
Euch Sonne, Mond und alle Sterne
Zum Zeitvertreib dem Liebchen in die Luft.

25. MITTWOCH
Güterverlust lässt sich ersetzen; über andre tröstet die Zeit; nur ein Übel ist unheilbar, wenn der Mensch sich selbst aufgibt.

26. DONNERSTAG
Der edle Mensch kann sich in Momenten vernachlässigen, der vornehme nie.

27. FREITAG
Die Vernunft ist grausam, das Herz ist besser.

28. SAMSTAG
Ich habe mich nie verrechnet,
Aber oft verzählt.

29. SONNTAG

Versöhnt man sich, so bleibt doch etwas hängen.

30. MONTAG

Da siehst du nun, wie's einem geht,
Weil sich der Beste von selbst versteht.

31. DIENSTAG I REFORMATIONSTAG

Luther war ein Genie sehr bedeutender Art …

1. MITTWOCH I ALLERHEILIGEN
Denn zu Zeiten der Not bedarf man seiner Verwandten.

2. DONNERSTAG I ALLERSEELEN
Dem Verzweifelnden verzeiht man alles, dem Verarmten gibt man jeden Erwerb zu.

3. FREITAG
… zum Vollbringen gehört, außer dem Vermögen, vor allen Dingen Gelegenheit.

4. SAMSTAG
Denn edlen Seelen vorzufühlen
Ist wünschenswertester Beruf.

5. SONNTAG
Der rechtliche Mensch denkt immer, er sei vornehmer und mächtiger, als er ist.

6. MONTAG
Was ist unser höchstes Gesetz? Unser eigener Vorteil.

7. DIENSTAG
Das Vortreffliche aller Art, das zugleich populär wäre, ist das Seltenste.

8. MITTWOCH
Nicht alles, was der Vortreffliche tut, geschieht auf die vortrefflichste Weise.

9. DONNERSTAG
Es ist nichts jämmerlicher, als Leute unaufhörlich von Vernunft reden zu hören, mittlerweile sie allein nach Vorurteilen handeln.

10. FREITAG I 264. GEBURTSTAG SCHILLERS
Ich habe nur Zeit für das Vortreffliche.

11. SAMSTAG I MARTINSTAG
Das Wenige verschwindet leicht dem Blick, der vorwärts sieht, wie viel noch übrig bleibt.

12. SONNTAG
Wer den geringsten Vorzug hat,
Wird sich des Vorzugs überheben.

13. MONTAG
Wer Waffen schmiedet, bereitet Krieg und muss davon der Zither Klang nicht erwarten.

14. DIENSTAG
Frisch gewagt ist schon gewonnen,
Halb ist schon mein Werk vollbracht!

15. MITTWOCH
Immer gefährlicher ist's, beim Wählen dieses und jenes nebenher zu bedenken und so das Gefühl zu verwirren.

16. DONNERSTAG
Wer gegen sich selbst und andere wahr ist und bleibt, besitzt die schönste Eigenschaft der größten Talente.

17. FREITAG
Es ist nichts groß als das Wahre, und das kleinste Wahre ist groß.

18. SAMSTAG
Es ist gar zu schön, den ganzen Tag im Walde zu sein und die Vögel zu hören, zu wissen, wie sie heißen, wo ihre Nester sind …

19. SONNTAG I VOLKSTRAUERTAG
Ohne Wunder findet sich bei Wandrern oft ein sehr erklärliches Erstaunen.

20. MONTAG
Glaube dich nicht allzu gut gebettet;
Ein gewarnter Mann ist halb gerettet.

21. DIENSTAG
Am meisten lieb ich mir die vollen, frischen Wangen.

22. MITTWOCH I BUSS- UND BETTAG
Alles ist aus dem Wasser entsprungen!
Alles wird durch das Wasser erhalten.

23. DONNERSTAG
Ein guter Mensch in seinem dunklen Drange
Ist sich des rechten Weges wohl bewusst.

24. FREITAG
Der nur verdient geheimnisvolle Weihe, der ihr durch Ahnung vorzugreifen weiß.

25. SAMSTAG
Der Wein ist saftig, Holz die Reben:
Der hölzerne Tisch kann Wein auch geben.

26. SONNTAG I TOTENSONNTAG
Es nenne niemand frei und weise sich vor seinem Ende!

27. MONTAG
Der Müller denkt, es wachse kein Weizen, als damit seine Mühle gehe.

28. DIENSTAG
Die Welle beugt sich jedem Winde gern …

29. MITTWOCH
O Weisheit! Du redst wie eine Taube!

30. DONNERSTAG
Ich sage immer und wiederhole es, die Welt könnte nicht bestehen, wenn sie nicht so einfach wäre.

1. FREITAG
O Welt voll wunderbarer Wirrung
Voll Geist der Ordnung träger Irrung
Du Kettenring von Wonn und Wehe.

2. SAMSTAG
Und wer des Knäuels zartes Ende hält,
Der schlingt sich wohl durchs Labyrinth der Welt.

3. SONNTAG I 1. ADVENT
Die Welt ist ein Sardellen-Salat.
Er schmeckt uns früh, er schmeckt uns spat.

4. MONTAG
Die Weltgeschichte sammelt auf unsre Kosten sehr große Schätze.

5. DIENSTAG
Der Mensch braucht nur wenige Erdschollen, um drauf zu genießen, weniger, um drunter zu ruhen.

6. MITTWOCH
Nur solch ein Wesen kann ich preisen,
Das froh und lebenslustig quillt.

7. DONNERSTAG
Widersacher, Weiber, Schulden,
Ach! Kein Ritter wird sie los.

8. FREITAG
Der Geist des Widerspruchs und die Lust zum Paradoxen steckt in uns allen.

9. SAMSTAG
Der gute Wille hilft zu vollkommner Kenntnis.

10. SONNTAG | 2. ADVENT
Wirke gut, so wirkst du länger,
Als es Menschen sonst vermögen.

11. MONTAG
Auf Menschen ist nicht leicht zu wirken;
Doch auf das willige Papier.

12. DIENSTAG
Wie vieles ist denn dein?
Der Kreis, den meine Wirksamkeit erfüllt.
Nichts drunter und nichts drüber.

13. MITTWOCH
Freiherzige Wohltat wuchert reich.

14. DONNERSTAG
Mir wohlzutun und vielen, liegt in deiner Hand.

15. FREITAG
Es gibt Personen, denen ich wohlwill und wünschte, ihnen besser wollen zu können.

16. SAMSTAG
Ich sah mich um an vielen Orten,
Nach lustigen, gescheiten Worten;
An bösen Tagen musst ich mich freuen,
Dass diese die besten Worte verleihen.

17. SONNTAG | 3. ADVENT
Übrigens habe ich gefunden, dass ein rechtschaffner Geistlicher in dieser Zeitlichkeit so viel zu tun hat, dass er gern Gott überlässt, was in der Ewigkeit zu tun sein möchte.

18. MONTAG | 220. TODESTAG HERDERS
Gewöhnlich glaubt der Mensch, wenn er nur Worte hört,
Es müsse sich dabei doch auch was denken lassen.

19. DIENSTAG
Falsche Worte gelten zum höchsten, wenn sie Masken unserer Taten sind.

20. MITTWOCH
Tiefe Wunden schlägt das Schicksal, aber oft heilbare.

21. DONNERSTAG
Wenn der schwer Gedrückte klagt:
Hilfe, Hoffnung sei versagt,
Bleibet heilsam fort und fort
Immer noch ein freundlich Wort.

22. FREITAG
Nicht alles Wünschenswerte ist erreichbar, nicht alles Erkennenswerte erkennbar.

23. SAMSTAG
Doch man bewirkt das Wunderbare nicht auf alltägliche Weise.

24. SONNTAG I HEILIGER ABEND
Doch, wenn ein Wunder auf der Welt geschieht,
Geschieht's durch liebevolle, treue Herzen.

25. MONTAG I 1. WEIHNACHTSTAG
Das Wunder ist des Augenblicks Geschöpf.

26. DIENSTAG I 2. WEIHNACHTSTAG
Wir stecken in lauter Wundern, und das Letzte und Beste der Dinge ist uns verschlossen.

27. MITTWOCH
Man hat behauptet, die Welt werde durch Zahlen regiert; das aber weiß ich, dass die Zahlen uns belehren, ob sie gut oder schlecht regiert werden.

28. DONNERSTAG
Soll zwischen uns kein fernster Zwist sich regen!
Ich liebe mir den Zaubrer zum Kollegen.

29. FREITAG
Denn die Zeit, wenn sie groß ist, geht auf dem Wege des Besseren fort, und das Geringste bleibt ohne Folge.

30. SAMSTAG I SILVESTER
Die Zeitung heutzutage ist unerträglich kalt,
Das Neuste, was man hört, ist immer Monats alt.

31. SONNTAG

… der Augenblick des Zeugens ist herrlich …

BILDQUELLENNACHWEIS

Klassik Stiftung Weimar: 6, 7, 8, 10f., 13, 14f., 16f., 21, 23, 24, 28f., 30f., 35, 36, 38, 40, 41, 44, 56, 60, 61, 63

akg-images: 19, 26f., 48

TEXTQUELLENNACHWEIS

Januar: 18,654; 5,158; 5,144; 5,156f.; 1,175; 9,608; 2,396; 9,653; 9,589, 5,397; 9,509; 1,402; 5,554; 1,321; 4,562; 24,655; 23,442; 7,263; 1,611; 5,269; 1,92; 1,63; 20,236; 6,196; 9,634; 3,29; 9,628; 6,352; 19,289; 6,715; 9,667
Februar: 7,86; 9,24; 1,428; 1,618f.; 9,557; 8,352; 23,665; 9,651; 20,760; 7,607; 4,689; 5,611; 2,119; 5,145; 16,14; 2,66; 1,420; 1,88; 1,546; 19,479; 1,439; 8,92; 12,458; 5,164; 15,897; 9,519; 6,328; 1,200
März: 5,303; 22,469; 18,410; 20,555; 4,723; 5,186; 3,521f.; 22,770; 11,179; 14,330; 9,518; 2,446; 1,458; 18,345; 9,669; 3,565; 7,431; 7,431; 24,655; 3,299; 18,924; 16,576; 1,646; 8,342; 9,507; 23,773; 23,617; 3,193; 2,414; 6,152; 6,380; 6,715
April: 1,62; 21,1012; 3,322; 18,202; 9,557; 6,380; 2,132; 6,635; 9,648; 9,630; 7,600; 2,382; 1,257; 2,553; 1,533; 6,303; 6,764; 1,440; 1,605; 1,306; 13,202; 19,673; 5,222; 9,513; 3,493; 4,129; 9,208; 3,208; 3,198; 1,430
Mai: 3,335; 1,233; 9,208; 1,557; 4,389; 5,617; 5,159; 5,222; 9,206; 1,424; 18,715; 5,263; 3,168; 22,650; 18,330; 6,201; 9,43; 13,296; 9,274; 21,71; 1,237; 1,422; 6,206; 9,569; 18,548; 9,622; 22,463; 3,9; 3,919; 9,530; 6,569
Juni: 4,97; 11,209; 9,503; 6,18; 1,441; 6,291; 2,186; 18,719; 20,645; 6,95; 3,93; 9,509; 9,511; 1,530; 19,471; 10,246; 5,605; 6,48; 1,449; 7,557; 2,188; 18,173; 9,620; 5,161; 9,176; 19,542; 23,715; 1,80; 24,493; 22,593
Juli: 3,318; 18,146; 9,630; 5,216; 9,500; 6,270; 8,92; 16,248; 9,186; 18,385; 13,297; 18,762; 24,699; 2,295; 12,623; 4,387; 9,162; 2,94; 7,454; 9,196; 9,510; 1,104; 1,175; 8,290; 22,401; 4,723; 9,524; 9,521; 2,378; 22,770; 22,679
August: 18,371; 3,672; 9,589; 23,481; 6,752; 6,819; 5,298; 9,646; 1,423; 3,625; 20,392; 6,243; 6,228; 6,854; 9,518; 1,124; 1,47; 22,369; 7,494; 2,132; 1,415; 14,193; 1,657; 6,279; 5,177; 1,635; 6,296; 4,440; 5,435; 1,646; 6,916
September: 7,604; 9,123; 3,340; 14,732; 2,538; 10,841; 1,412; 16,247; 6,334; 2,137; 9,605; 9,678; 1,435; 6,352; 10,841; 9,617; 5,186; 9,633; 9,614; 1,564; 1,62; 3,372; 9,291; 22,552; 1,295; 1,613; 23,69; 9,616; 6,3; 6,328
Oktober: 1,640; 23,484f.; 2,407; 18,202; 5,270; 10,456; 4,784; 22,449; 5,345; 16,923; 6,104; 11,703; 4,665; 17,717; 24,375; 7,66; 19,381; 5,448; 8,353; 23,299; 5,161; 5,526; 1,287; 5,231;

14,246; 7,379; 7,526; 1,609; 5,313; 1,428; 3,141; 9,617; 12,399; 1,516

November: 9,610; 6,622; 14,461; 14,765; 4,130; 23,311; 6,152; 9,600; 3,259; 1,42; 3,200; 9,540; 19,83; 8,12; 1,938; 1,641; 5,151; 5,407; 5,151; 6,354; 5,211; 6,1020; 9,512; 5,389; 1,320; 24,240

Dezember: 4,237; 3,758; 1,546; 22,662; 4,455; 5,376; 1,123; 10,385; 21,743; 1,282; 2,187; 4,187f.; 5,478; 6,837; 9,522; 1,417; 4,129; 5,221; 4,683; 4,925; 3,335; 3,608; 8,402; 6,389; 24,661; 24,390; 5,336; 24,594

Die Goethetexte in diesem Büchlein werden unter Angabe von Band- und Seitenzahl nach der Gedenkausgabe der Werke, Briefe und Gespräche zitiert, herausgegeben von Ernst Beutler, Zürich und Stuttgart, Artemis Verlag 1950 bis 1971.
Alle zitierten Texte wurden zugunsten der besseren Lesbarkeit vorsichtig an moderne Schreibweisen angepasst.

INHALT